기본**변칙수**로
위기를 돌파하라

기본에 충실하면 기력향상은 저절로 따라온다!

기본변칙수로
위기를 돌파하라

초판 1쇄 인쇄 2018년 10월 25일
초판 1쇄 발행 2018년 11월 01일

감 수   목진석
지은이   이하림
발행인   조상현
마케팅   조정빈
발행처   더디퍼런스

등록번호   제2015-000237호
주소   경기도 고양시 덕양구 큰골길 33–170
문의   02-712-7927
팩스   02-6974-1237
이메일   thedibooks@naver.com
홈페이지   www.thedifference.co.kr

독자여러분의 소중한 원고를 기다리고 있습니다. 많은 투고 부탁드립니다.

ISBN 979-11-61251-33-2 13690

이기는 바둑

목진석 감수 · 이하림 지음

기본변칙수로
위기를 돌파하라

기본에 충실하면 기력향상은 저절로 따라온다!

더디퍼런스

바둑은 귀의 공방에서부터 낯선 수법을 많이 만나게 됩니다. 어떻게 대응할지 몰라 갈팡질팡하는 가운데 그동안 갈고 닦았던 모범 정석이 무용지물이 되고 맙니다. 교실 안에서 공부했던 정직한 수만 두면서 이길 수 있다면 얼마나 좋겠습니까? 이기는 바둑을 두려면 교실 밖에 난무하는 다채로운 편법들을 교실 안에서 녹여낼 줄 알아야 합니다.

귀에서 벌어지는 정석 과정부터 다양한 변화가 속출합니다. 이에 말려들면 격랑이 일어나고 진흙탕싸움으로 번지는 일이 비일비재합니다. 그러면 아무래도 야전이라는 바둑의 정글에서 뒹굴어봤던 경험자가 우세하리란 말할 필요가 없겠지요.

만일 상대가 아무 생각 없이 던지는 악수라면 처절한 응징으로 대가를 치르게 하면 좋을 것입니다. 그러나 제대로 구사한 변칙수는 응징한다고 해서 내가 단연 유리해지는 건 아닙니다. 변칙수를 알아야 하는 건 적절한 대응을 통해 내가 불리하지 않고 조금이라도 우위에 서기 위한 목적입니다. 대개 변칙수는 은밀한 함정이 숨겨져 있어 여기에 걸리면 끝장이지만 응징했다 해도 교묘한 타협이 이루어져 큰 손해가 없는 경우가 많습니다.

변칙수를 구사하는 측면에서도 바둑을 끝장내겠다는 욕심보다 어려운 국면을 반전시키고 이제부터 힘을 낼 수 있는 기회를 만들겠다는 자세가 필요합니다. 그래야 성급한 악수를 피하고 상황에 맞는 효과적인 변칙수로 국면을 주도할 수 있겠지요.

이 책은 모두 3개의 큰 장르로 구분하고 세부적으로 5개의 파트로 나누었으며 다음과 같은 내용을 담았습니다.

1장부터 3장까지는 귀에서 발생하는 '기본적 변칙 수법'에 대해 다루었는데 각각 화점 편, 소목 편, 고목·외목 편으로 파트를 구분했습니다. 귀라는 한정된 공간에서 벌어지는 몸싸움이 주종인 만큼 변칙의 이론적 측면에서 쉽게 이해하고 접근이 되도록 했습니다.

4장 '전략적 변칙 수법'에서는 귀와 변이 연계된 한 단계 업그레이드된 내용입니다. 전략적 사고 측면에서 문제를 해결하는 과정에 바둑의 묘미를 느낄 것이고 실력도 한층 성장할 것입니다.

5장 '실전적 변칙 수법'에서는 좀 더 복잡한 현실적 과제를 해결하며 세련된 변칙의 세계를 느낄 수 있을 것입니다. 강자들의 실전에서 등장했던 이색적인 수법을 이해하면서 사고의 폭을 넓혀가자는 취지입니다. 어차피 바둑 기량을 높이려면 부분적 기술과 더불어 전국적 사고가 요구되기 때문입니다.

이 책은 체계적 학습을 위해 핵심적인 내용을 유형별로 세분화하고 부분적인 기본 이해에서 전국적인 실전 감각으로 두루 사고의 폭을 넓혀 효과적인 학습이 가능하도록 구성했습니다. 이 책의 특징이자 자랑이라 해도 무방할 것입니다. 더불어 알차게 배울 수 있도록 본문의 중간 중간에 보충 성격의 코너를 두어, 가벼운 내용은 '원포인트 레슨', 심화된 내용은 '레벨업 레슨'으로 구분했습니다.

다시 말하지만 바둑은 정석대로만 두어서는 이길 수 없습니다. 그 과정에는 온갖 변칙적인 수법이 도사리고 있습니다. 모쪼록 이런 위기를 극복하고 살아남기 위해 불의의 변칙수를 응징하고 정의의 변칙수를 구사해 어려운 판세를 돌파하기 바랍니다.

이하림

● 차례

1장 기본적 변칙 수법(화점 편) ● 11

1형 날일자받음에 요상한 눈목자달림 ● 12

2형 날일자 받은 곳에 껴붙이다 ● 15

　　원포인트 레슨 ● 19

3형 눈목자받음에 디딤돌 침투 수법 ● 20

4형 위로 붙일 때 수상한 끼움 ● 23

　　원포인트 레슨 ● 27

5형 붙여뻗기에서 바로 나와 끊다 ● 28

　　원포인트 레슨 ● 32

6형 붙여뻗기에서 젖히고 나와 끊다 ● 33

　　레벨업 레슨 ● 37

7형 붙여뻗기에서 특이한 옆구리붙임 ● 39

　　원포인트 레슨 ● 42

8형 붙여뻗기에서 상투적인 3三침입 ● 43

9형 붙여막기에서 눈목자의 약점을 공략하다 ● 46

10형 한칸협공에서 두점머리 젖힘 ● 49

11형 한칸협공에서 은근한 귀의 젖힘 ● 53

12형 두칸높은협공에 받전자로 씌우다 ● 55

　　원포인트 레슨 ● 58

13형 높은 양걸침에서 과격한 치받음 ● 59

　　원포인트 레슨 ● 61

2장 기본적 변칙 수법(소목 편) ● 63

1형 날일자걸침에 어깨짚기 고압작전 ● 64

2형 소목 씌움에 허술한 두칸벌림 ● 68

　　원포인트 레슨 ● 71

3형 한칸협공에 붙여뻗은 후 씌우다 ● 72

　　원포인트 레슨 ● 76

　　레벨업 레슨 ● 77

4형 두칸높은협공에서 붙여 젖히는 억지 차단 ● 79

　　원포인트 레슨 ● 85

5형 두칸높은협공에서 붙이고 끊다 ● 86

　　원포인트 레슨 ● 89

6형 두칸높은협공에서 붙이고 막다 ● 91

7형 소목에 치받고 막을 때 무작정 끊어오다 ● 95

8형 위붙임 정석에서 들여다보다 ● 98

9형 소목 한칸에서 느닷없는 반대쪽 젖힘 ● 101

10형 귀의 붙임에 치받고 끊다 ● 105

11형 귀의 붙임에 본격 돌려치기 함정 ● 109

　　원포인트 레슨 ● 112

12형 귀의 붙임에 은근한 단수 함정 ● 113

13형 눈목자씌움에 발전자 유인구 ● 116

　　원포인트 레슨 ● 118

14형 두칸걸침에 더욱 고압적인 위붙임 ● 119

　　원포인트 레슨 ● 122

3장 기본적 변칙 수법(고목·외목 편) ● 123

1형 고목에서 맹랑한 2선 협공 ● 124

　원포인트 레슨 ● 127

2형 고목에서의 장문 한방 ● 128

3형 붙이고 위에서 누르는 세력 전법에서 ● 132

　원포인트 레슨 ● 135

4형 치받고 끊는 변화에서 도발하다 ● 136

5형 고목에서 씌운 후 안쪽 젖힘 일반 ● 139

　레벨업 레슨 ● 142

6형 고목에서 씌운 후 안쪽 젖힘 편법 ● 145

　원포인트 레슨 ● 149

7형 외목에서 씌우고 뛸 때 낯선 붙임 ● 150

　원포인트 레슨 ● 153

8형 외목에서 씌운 후 귀에 붙이다 ● 154

9형 대사정석에서 한칸 뛰는 편법 ● 156

10형 대사정석에서 노골적인 밀어붙임 ● 159

11형 외목 협공에 치받다 ● 163

12형 밭전자 외목에서 장문 씌우다 ● 166

4장 전략적 변칙 수법 ● 169

1형 화점 날일자받음에 잠입하다(1) ● 170

    원포인트 레슨 ● 173

2형 화점 날일자받음에 잠입하다(2) ● 174

3형 변에 침입한 후 옆구리에 붙이다 ● 177

    원포인트 레슨 ● 180

4형 화점 한칸받음에서 저공 침투 1탄 ● 182

5형 화점 한칸받음에서 저공 침투 2탄 ● 185

6형 화점 한칸받음에서 저공 침투 3탄 ● 187

7형 화점 한칸받음을 들여다보고 씌우다 ● 190

8형 화점 밭전자 모양에서 양쪽 들여다보기 ● 194

    원포인트 레슨 ● 198

9형 근거 없이 변에 과감히 침입하다 ● 199

10형 화점 눈목자를 밑붙임 후 침투하다 ● 202

    원포인트 레슨 ● 205

11형 변의 지원군을 배경으로 꽉 잇는 편법 ● 206

12형 높은 세칸벌림에 저공 침투한 이유 ● 210

13형 변의 침투 이후 편법 연결 ● 212

14형 변에 침입한 후 치받는 금기의 강수 ● 215

15형 변에 단신 저공으로 잠입하다 ● 218

5장 실전적 변칙 수법 ● 221

1형 인공지능이 가르쳐준 3三침입 수법 ● 222

2형 화점 날일자받음에 껴붙이는 수법 ● 227

3형 귀의 세칸높은벌림에 붙인 후 저공 침투하는 수법 ● 230

4형 소목에 바로 붙이는 희대의 수법 ● 235

5형 소목 두칸굳힘에 전격 붙이는 수법 ● 239

6형 소목 눈목자굳힘에 전격 붙이는 수법(1) ● 243

7형 소목 눈목자굳힘에 전격 붙이는 수법(2) ● 248

　　레벨업 레슨 ● 251

8형 고공 어깨짚기의 의도 ● 254

9형 두 번의 입체적 어깨짚기 작전 ● 256

10형 원대한 사석작전 전반 ● 261

11형 원대한 사석작전 후반 ● 264

1
기본적
변칙 수법
(화점 편)

날일자받음에 요상한 눈목자달림

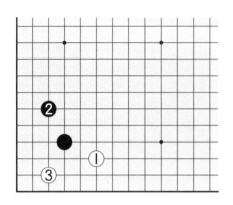

장면

■ 백1의 걸침에 흑2의 날일자받음은 화점에서 가장 기본적인 대응이다. 이때 백3의 눈목자달림이 요상하다. 무슨 뜻일까?

그럼 흑은 어떻게 처리하면 좋을지 알아본다.

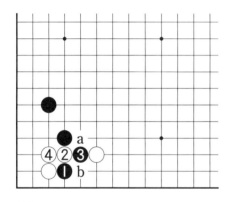

1도

1도(교묘한 끼움)

흑이 무턱대고 1로 붙여 막는 것은 자신감은 좋으나 주의를 요한다. 백2의 끼움이 교묘해서 곳곳에 함정이 도사리고 있으니 말이다.

먼저 흑3으로 단수치면 백4 다음 흑은 a와 b의 선택이 기다린다.

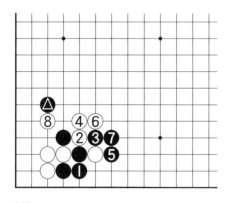

2도

2도(흑, 최악)

흑1로 아래를 이으면 최악의 상황이 기다린다.

백2로 끊은 후 8까지 백이 귀를 차지하며 모양도 이상적이다. ▲도 볼품없으니 흑이 제대로 당한 모습이다.

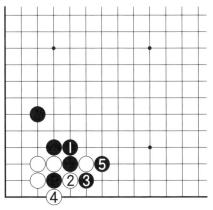

3도

3도(흑, 축이 유리할 경우)

따라서 앞길이 어찌되든 흑도 일단 1로 위를 이을 곳이다. 다음 백2, 4로 한점을 잡을 텐데, 이때 다행히 축이 유리하면 흑은 3, 5로 한점을 잡고 대항할 수 있다.

그러면 귀의 실리를 내주지만 흑도 두터워 충분하다.

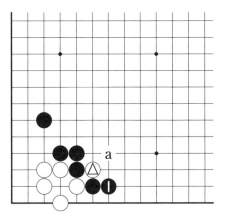

4도

4도(흑, 엷은 모습)

만일 축이 불리하다면 흑1로 늘 수밖에 없는데 백△로 인해 흑 모양이 불안하다.

이후 흑a로 보강해도 축으로 잡는 것과 비교해 엷은 모습이다.

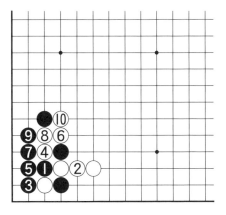

5도

5도(실리를 탐한 행동)

거슬러 올라가 흑1로 안에서 단수치고 3으로 한점을 잡는 것은 실리를 탐한 행동이다.

이하 10까지 되면 백의 두터움이 상당하다.

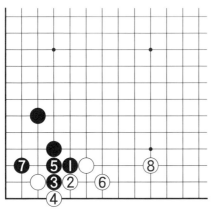

6도

6도 (초심자의 행동)

처음으로 돌아가서, 요상한 수단에 당황스럽다고 흑1, 3으로 치고 박는 것은 초심자의 행동이다.

이하 8까지 되면 흑은 중복이고 백은 탄력적 모양이다.

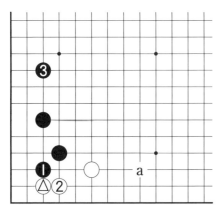

7도

7도 (흑, 무난한 붙임)

축과 관계없이 흑이 무난하게 두자면 1의 붙임이 요령이다. 백2로 늘면 흑3에 벌려둔다.

이 결과 백△가 속수가 되고 말았다. 그 수로는 a 자리에 있어야 우리가 알던 정석 아닌가.

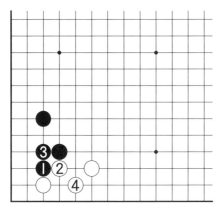

8도

8도 (기본 정석으로 환원)

흑1에 이제 와서는 백도 2로 타이트하게 두는 것이 나을 것이다.

다음 알기 쉽게 흑3과 백4로 된다면 처음 수순만 달랐지 기본 정석으로 환원된다.

날일자 받은 곳에 꺼붙이다

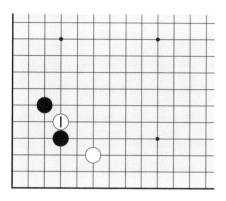

장면

▨ 이번에는 날일자 받은 곳에 백1로 꺼붙였다. 뭔가 본격적으로 한탕 해먹겠다는 수작 같지 않은가?

그럼 흑은 어떻게 처리하면 좋을지 알아본다.

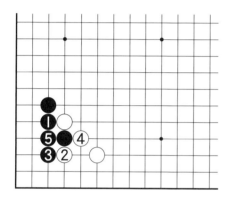

1도

1도(흑, 굴복)

흑1로 받는 것은 온건한 태도이다. 그런데 백2로 붙일 때 흑3, 5로 끝까지 고분고분하면 흑이 굴복당한 결과이다.

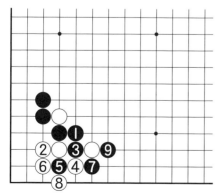

2도

2도(흑, 축이 유리할 경우)

축이 유리하면 흑1로 나갈 수 있다. 백2로 귀에 들어오면 흑3 이하 9까지 한점을 두텁게 잡아서 흑도 충분하다.

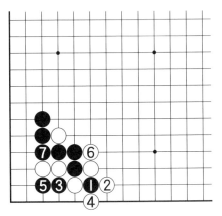

3도

3도(백, 선수 두터움)

축이 불리해도 흑은 1쪽으로 끊은 다음 3, 5로 귀의 두점을 잡고 실리로 변신할 수는 있다.

그러나 백6이 선수가 되고 보면 한점을 잡고 중앙을 향하는 백이 두터운 결과이다.

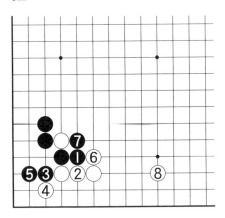

4도

4도(백, 충분)

흑1에 백은 축이 불리하다면 2로 잇는 것이 보통이다.

다음 흑3에는 백4, 6을 결정한 후 8로 하변을 경영해 충분하다.

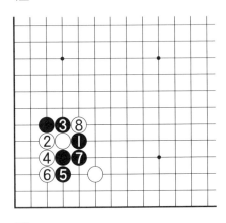

5도

5도(흑, 당하는 흐름)

처음으로 돌아가, 축 관계를 떠나서 흑1의 젖힘이 힘찬 태도이다.

백2, 4로 안에 파고들 때가 문제인데 이때 흑5로 늘면 백6, 8로 끊어 흑이 당하는 흐름이다.

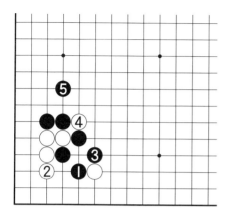

6도

6도(흑3의 젖힘이 힘차다)

앞 그림의 4에 흑1로 붙여야 백2에 흑3으로 힘차게 젖히는 자세가 나온다.

그러면 하변이 두터운 만큼 백4로 끊어도 흑은 5로 자세를 갖추며 충분히 싸울 수 있다.

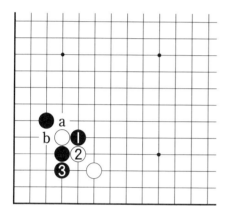

7도

7도(흑3, 급소 자리)

흑1의 젖힘에 백2로 바로 끊으면 흑3의 내려섬이 급소 자리이다.

그러면 백이 a든 b든 어느 쪽을 두더라도 흑이 다른 쪽을 막아서 크게 유리한 싸움이다.

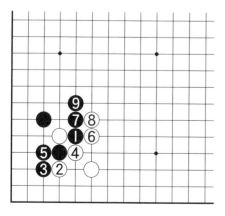

8도

8도(흑, 충분)

흑1에 백도 2로 붙여 수단을 구할 것이다. 이때 흑은 축이 불리하면 3에 젖히는 것이 무난하다.

다음 백4, 6으로 계속 단수치면 흑은 9까지 자연스럽게 한점을 품으며 늘어 충분하다.

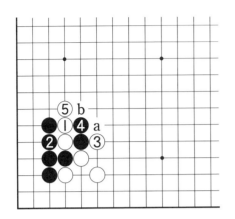

9도

9도(본격 싸움)

앞 그림의 5에 백도 1로 나가는 것
이 기세일 것이다. 그러면 흑2로 막
은 후 5까지 본격 싸움 양상이다.

다음 흑은 상황에 따라 a나 b로
밀어 자신 있게 싸울 수밖에 없다.

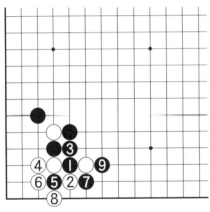

10도

10도(흑, 두터움)

8도의 2에 흑은 축이 유리하다면
1, 3으로 끼워잇는 편이 간명하다.
다음 백4에 늘면 흑5로 끊은 후 9
까지 한점을 잡아 두터운 결과이다.

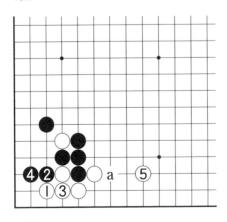

11도

11도(흑, 충분)

만일 백이 바깥 봉쇄를 피해 1의
호구로 받으면 흑2, 4로 백진의 꼬
리를 압박해 충분하다.

백은 5로 지키더라도 a의 맛이
있는 만큼 엷은 모습이다.

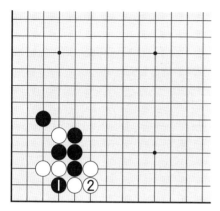

테마

▦ 백이 변쪽에 이으면?

흑1로 끊을 때 백2 쪽에 이으면 어떻게 될지 알아보자.

　귀의 변화가 단순하지 않으므로 흑도 약간 궁리가 필요하다.

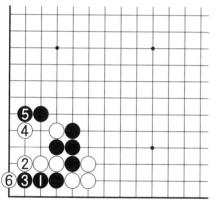

참고도 1

참고도 1(흑, 낭패)

흑1, 3으로 밀고 나가는 것은 당연하다.

　다음 백4에 흑5로 바로 막으면 백6에 젖혀 흑이 먼저 잡히니 낭패이다.

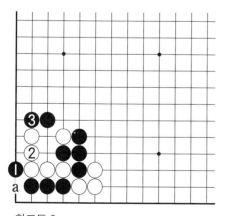

참고도 2

참고도 2(흑의 꽃놀이패)

앞 그림의 4에 흑1의 젖힘이 맥점이다. 백2로 잇는 정도인데 다음 흑3에 막는 것이 정확한 수순이다.

　여기서 백a로 먹여치면 패가 나지만 이미 두터운 자세를 갖춘 흑의 꽃놀이패 성격이다.

눈목자받음에 디딤돌 침투 수법

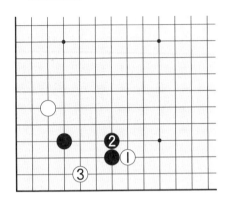

장면

■ 이번에는 눈목자받음에 백이 1로 변쪽에서 붙이고 3으로 침투하는 수법을 선보인다.

일명 디딤돌 침투 수법이라 해도 좋은데 이럴 경우 흑의 처리법을 알아본다.

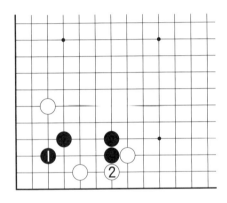

1도

1도(흑, 당한 결과)

흑1로 3三에 받는 것은 백2로 넘어가서 보기에도 흑이 당한 결과이다. 백의 1차 노림이기도 하며 디딤돌 수법이란 바로 이런 모양 아닌가.

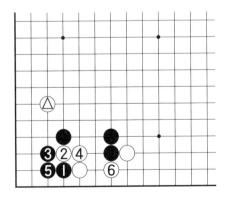

2도

2도(역시 흑이 당한다)

흑1로 막으면 백2의 끼움이 맥점이다. 그러면 흑3, 5에 백6으로 넘어가서 역시 흑이 당한 모습이다.

결과적으로 백△도 흑진을 노리는 좋은 자리 아닌가.

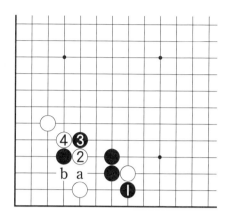

3도

3도(흑, 난감)

여기는 흑1로 젖혀 일단 하변의 건넘을 차단할 곳이다. 백2로 붙일 때가 문제인데 흑3에 젖히면 백4로 끊어 흑이 난감하다.

가령 흑a면 백b로 돌려칠 것이 뻔하다. 백의 2차 노림이었다.

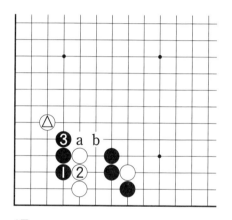

4도

4도(백, 망하는 진행)

앞 그림의 2에 흑1, 3으로 백을 무겁게 해서 나가는 것이 적절한 대응책이다.

그러면 백은 a나 b로 탈출해야 할 테니 자연스레 △도 위험에 처할 것이다. 백이 망하는 진행이다.

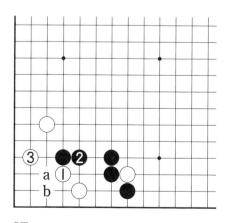

5도

5도(백3, 연결의 맥점)

백도 급소 자리였던 1의 붙임이 교묘하다. 이 경우가 어려워 흑도 주의를 요한다.

무심코 흑2로 늘면 백3의 날일자가 연결의 맥점이다. 다음 흑a는 백b가 요령이다. 이 부근이 백의 마지막 노림이었다.

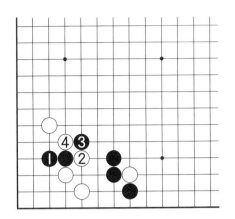

6도

6도(흑, 곤란)

이번에는 흑1 쪽으로 늘어보자. 그러면 백2의 젖힘이 힘차다.

흑3에 막으면 백4로 끊어 흑이 곤란한 모습이다.

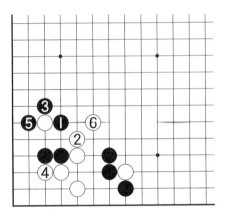

7도

7도(백, 충분)

앞 그림의 3 대신 흑1로 붙이면 백2, 4의 수순이 기다린다.

그러면 흑5의 손질이 필요한데 백은 6으로 머리를 내밀며 귀에 삶의 자세를 갖춰 충분하다.

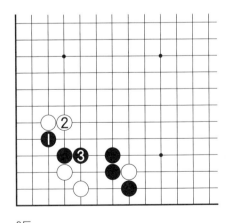

8도

8도(흑의 대응책)

여기는 흑1, 3으로 붙이고 늘어 귀와 변을 차단하는 것이 대응책이다.

그러면 백은 양쪽이 바빠져서 불리한 모습이다.

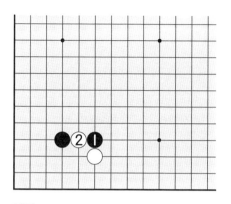

장면

▨ 흑1로 위로 붙이는 것은 중앙을 중시할 때 많이 사용한다. 이때 백2의 끼움이 수상한데 뭔가 의도가 있을 것이다.

그럼 흑은 어떻게 처리하면 좋을지 알아본다.

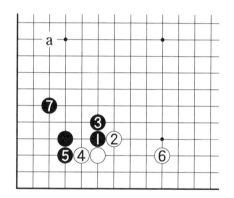

1도

1도(보편적 정석)

흑1의 붙임이면 백2로 젖힌 후 7까지가 보편적인 정석이다.

흑이 폭넓게 두자면 7로 a까지 벌릴 수 있다.

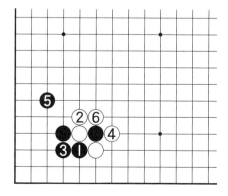

2도

2도(백의 의도)

우선 흑1로 아래에서 단수치고 3으로 잇는 것은 주의를 요한다.

백4의 축이 성립해서 6으로 한점을 따내면 상당한 두터움을 제공한다. 백의 의도가 통한 모습이다.

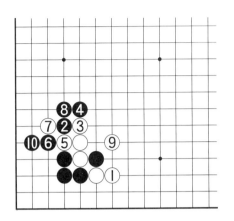

3도

3도(흑2, 요처)

만일 흑의 축이 유리하면 상황이 달라진다. 그러면 백1로 늘어야 하는데 흑2가 요처이다.

이하 10까지 예상 진행이지만 백9로 한점을 잡은 모양이 엷어 흑이 단연 우세하다.

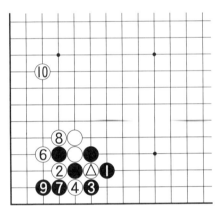

4도

❺··△

4도(흑, 축이 불리한 경우)

따라서 축이 불리한 흑이라면 1의 단수로 변화를 시도하는 것이 나을 것이다. 그러면 백2, 4를 선수한 후 10까지 예상되는 진행이다.

이 정도면 서로 진영을 갖춰 타협인데 발전성 면에서는 백이 좋을 듯하다.

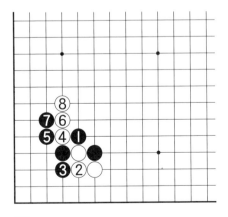

5도

5도(뻔한 끊음)

축 관계를 떠나서 흑은 1로 위에서 단수치는 것이 무난하다. 그런데 다음 흑3으로 막는 것은 좀 아슬아슬하다. 백4의 끊음이 뻔히 보이지 않는가.

그래도 흑은 5, 7로 밀어가며 싸울 수 있다는 뜻인데~

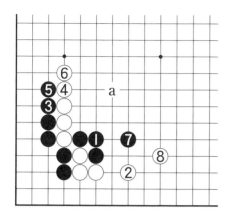

6도

6도(백, 편한 싸움)

실상 흑이 싸움에 자신이 있다면 1로 잇고 3, 5로 귀를 확실히 다진 후 7로 움직이는 것도 일책이다.

다음 백8에 흑이 a 방면으로 두면 예측불허일 텐데 아무래도 약간은 백이 편한 싸움 같다.

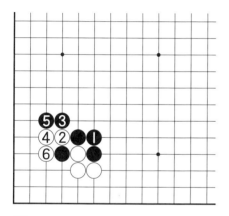

7도

7도(흑, 위험한 이음)

5도의 2에 흑1로 중앙 쪽을 잇는 것은 백2로 끊겨 아주 위험한 행동이다.

이하 6까지 진행되면 귀를 고스란히 빼앗긴 흑이 좋을 리 없다.

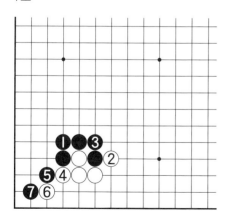

8도

8도(안전한 이음)

여기는 흑1로 귀쪽을 잇는 것이 안전하다.

다음 백2를 결정한 후 4에 밀고 들어오면 흑5, 7의 이단젖힘이 요령이다.

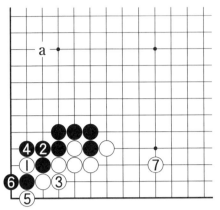

9도

9도(흑, 두터움)

그러면 백1 이하 7까지 일단락인데 일단 서로 진영을 갖추며 타협이다.

　엄밀히 말하면 한점을 잡은 흑이 촘촘한 벽을 형성해 두터운 모습이다. 이를 배경으로 흑은 a까지 넓게 벌릴 수 있다.

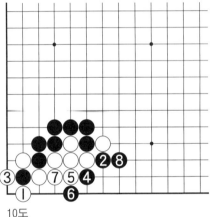

10도

10도(백의 욕심)

앞 그림의 2에 백1로 귀의 한점을 잡는 것은 욕심이다. 흑2의 끊음이 통렬하다.

　백3에 따내면 흑4, 6을 결정한 후 8로 늘어 백은 귀에 삶을 얻었을 뿐 봉쇄된 모습이 볼품없다.

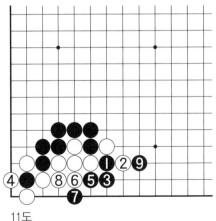

11도

11도(백, 운신하기 어렵다)

흑1에 백2의 단수 후 4로 따내더라도 수순만 다를 뿐 상황은 별로 나아지지 않는다. 흑5, 7을 결정하고 9의 붙임이 맥점이다.

　백은 여기서 제대로 운신하기 어려우니 역시 불만이다.

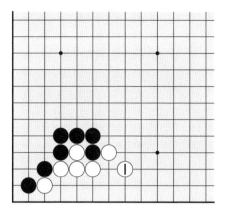

테마

▦ 변을 단단히 하면?

이 상황에서 때로는 백1의 지킴도 있는데 무슨 뜻일까?

귀를 방치하고 변을 단단히 한 모양인데 이에 대한 흑의 대응책을 생각해보자.

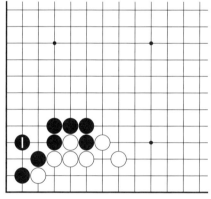

참고도 1

참고도 1(탄력적 지킴)

흑도 1의 양호구 지킴이 가장 안전하고 탄력적이다. 그러면 좌변이 두터운 세력권이다.

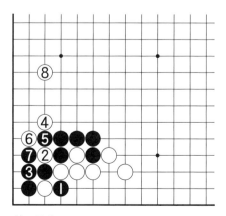

참고도 2

참고도 2(교묘한 삭감 수단)

그런데 흑1로 한점을 잡으면 백2, 4의 잠입이 교묘한 삭감 수단이다.

흑5에 백6, 8이면 좌변에 교두보를 마련한 모습이다.

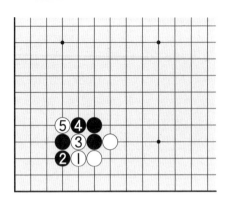

장면

▨ 붙여뻗기 정석에서 백1과 흑2의 교환은 당연한데 백3, 5로 즉각 나와 끊은 것은 무슨 뜻일까?

뭔가 우롱당한 느낌이 들면 정상적인 감정이다. 그럼 흑의 응징책에 대해 알아본다.

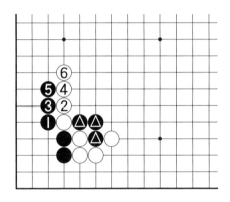

1도

1도(백의 요망사항)

흑1 이하 5로 변에서 밀어가는 것은 백의 요망사항이다.

안 그래도 백이 싸움을 유도한 만큼 ● 석점이 중앙에 떴으니 흑이 좋을 리 없다.

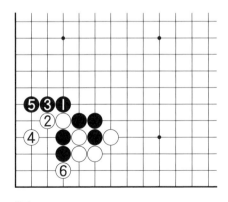

2도

2도(흑, 성급한 행동)

처음부터 흑이 1 이하 5로 무작정 변에서 차단하는 것도 성급한 행동이다. 그사이 백은 4로 기교를 발휘하며 6으로 귀의 두점을 잡고 만족한다.

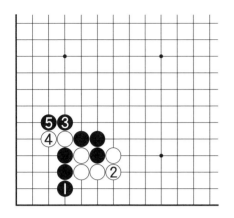

3도

3도(흑1, 안전장치)

여기는 흑1로 내려서는 것이 안전 장치이다.

　백2에 이어 보강하면 흑3, 5로 몰아가는 것이 정확한 수순이다.

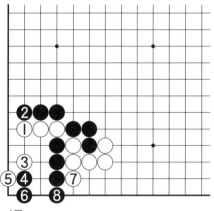

4도

4도(유가무가)

계속해서 백1에 늘면 흑2로 막고 백3에 흑4 이하 8까지 하자는 대로 자연스럽게 응수하면 간명하다.

　결국 유가무가 형태로 귀의 백이 잡힌 모습이다.

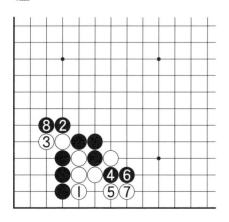

5도

5도(정교한 수순)

흑이 내려설 때 백1로 막아 버텨오 면 흑도 주의를 요한다.

　흑은 2로 단수친 후 4, 6으로 끊 어놓고 8로 막는 것이 정교한 수순 이다.

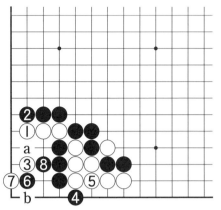

6도

6도(백, 잡힘)

계속해서 백1, 3이면 흑4를 활용한
후 6, 8로 귀의 백을 압박한다.

결국 a와 b를 맞보기로 최소한
위의 백 석점은 잡힌 모습이다.

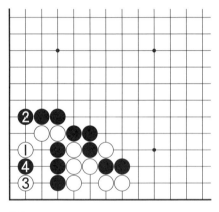

7도

7도(마지막 관문)

5도의 8에 백1의 마늘모가 마지막
관문인데 일단 흑2로 변에서 차단
하는 것이 간명하다.

다음 백3에 뛸 때 흑4의 끼움이
맥점이다.

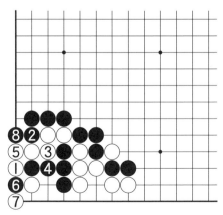

8도

8도(백이 잡히는 수순)

이때 백1로 아래에서 단수치면 흑
2, 4로 몰고 6에 먹여친 후 8의 단
수로 백의 명줄을 끊는다.

보기에는 간단한데 실은 1수 차
이이므로 수순에 주의를 요한다.

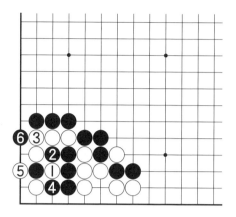

9도

⑦…①

9도(패를 거는 수순)

7도의 4에 백1로 위에서 단수치면 흑2, 4로 한점을 잡고 백5에 흑6으로 패를 거는 수순이 중요하다. 다음 백7로 패를 먼저 따내지만~

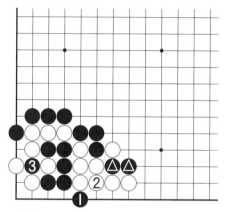

10도

10도(흑승)

이때 흑1의 팻감 하나가 구명줄이다. 백2에 흑3으로 다시 패를 따내면 상황 역전이다.

끊어놓은 ▲의 준비공작 덕분에 흑승이다.

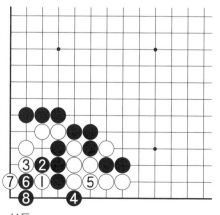

11도

11도(유가무가 흑승)

7도의 2에 백1의 붙임도 노림의 성격이 짙다.

어렵게 생각하면 말려들 공산이 큰데 흑2 이하 8이면 간명하다. 유가무가 흑승이다.

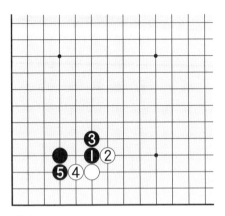

테마

▦ 기본 정석에 대해

흑1 이하 5까지 붙여뻗기 정석의 과정이다. 이번 테마의 시발점이기도 하다. 이후의 기본 변화에 대해 알아보자.

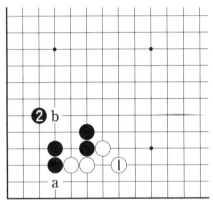

참고도 1

참고도 1(단단히 지킨다)

백1로 단단히 지키면 흑은 a의 활용이 없는 만큼 2나 b로 역시 단단히 지키는 것이 정수이다.

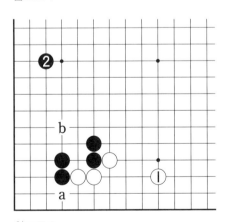

참고도 2

참고도 2(넓게 벌려도 된다)

백1로 넓게 벌리면 이번에는 흑도 a가 선수로 작용하므로 2로 폭넓게 벌릴 수 있다.

　나중에 기회가 오면 흑b로 진영을 완성해서 좋을 것이다.

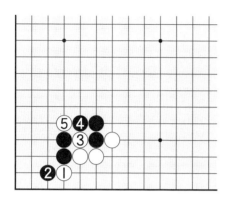

장면

▨ 이번에는 붙여뻗기 정석에서 백 1로 젖히고 3, 5로 나와 끊었다.

[5형]에서 실패한 백이 새로운 도전을 감행했다 봐도 좋은데 물론 꿍꿍이속이 있을 것이다. 그럼 흑의 응징책에 대해 알아본다.

1도(자연스런 약점 보강)

흑1로 단수치면 백은 2로 이어 자연스럽게 하변의 약점이 보강된다.

이러면 애초 백△의 젖힘이 미끼 역할을 단단히 하게 되는데~

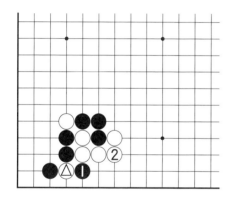

1도

2도(선수활용)

흑도 1, 3으로 막아야 위신이 설 텐데 백4, 6이 일단 기분 좋은 선수활용이다.

흑7로 잇고 나면 귀의 흑이 사활에 걸리게 되는데~

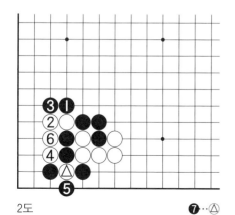

2도　　　　　　❼…△

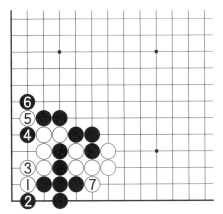

3도

3도(끊음 하나로 역전)

백1, 3으로 젖혀 이으면 알기 쉽다. 흑4면 얼핏 백의 수가 부족해 보이지만 백5의 끊음 하나를 활용한 후 7로 조이면 상황이 역전된다.

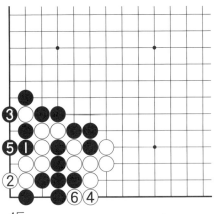

4도

4도(백, 1수 승)

참고로 수상전의 과정을 보여준다. 흑은 1 다음 3으로 따내고 5로 조여야 하므로 6까지 백의 1수 승임을 알 수 있다.

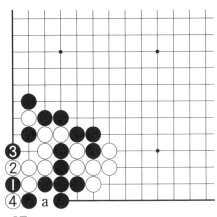

5도

5도(이단패)

물론 흑1, 3으로 패는 존재한다. 그래도 백은 4로 먼저 따내므로 유리하다.

다만 a가 비어있어 이단패 모양이므로 이것이 성가시다면~

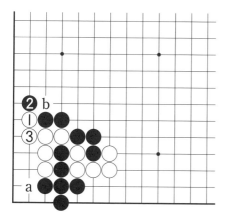

6도

6도(확실한 방법)

백1, 3으로 변쪽에서 젖혀 이으면 확실하다.

그러면 백a와 b가 맞보기가 되니 흑은 견딜 수 없을 것이다.

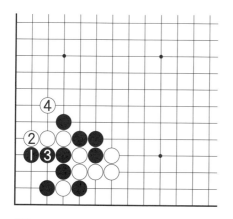

7도

7도(백, 우세)

2도의 2에 흑1, 3으로 귀를 지켜야 한다면 백4로 진출해 중앙에 흑 일 단이 떠 있는 만큼 백이 우세한 흐름이다.

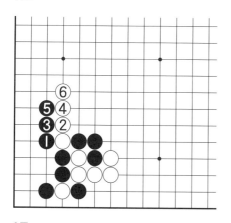

8도

8도(백, 외세가 좋다)

그렇다고 흑1 이하 5로 변에서 밀어가는 것도 누누이 얘기했지만 백의 세력만 좋게 할 뿐이다.

지금은 백의 하변이 단단한 만큼 더욱 그렇다.

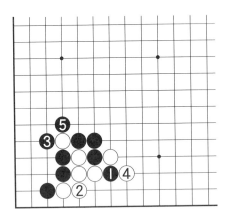

9도

9도(흑, 두터움)

처음으로 돌아가서 흑의 응징책은 어찌 보면 간단하다.

흑1의 끊음부터 출발한다. 하변이 단단했기에 이후 백이 자유롭게 활보했다는 점을 감안하면 우선 약점을 공략하는 것이 답이다. 그러면 백2, 4로 한점을 잡는 사이 흑은 5까지 한점을 따내 매우 두텁다.

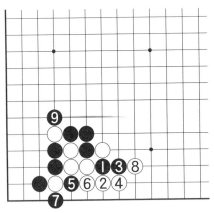

10도

10도(흑, 단연 우세)

흑1에 백2, 4로 아래에서 밀면 흑5, 7로 한점을 잡아두는 것이 간명하다.

다음 백8로 하변을 보강할 때 흑9로 몰면 이번에는 한점을 확실하게 잡을 수 있으니 흑이 단연 우세하다.

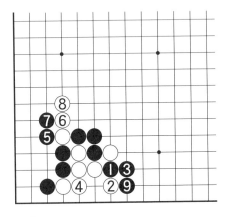

11도

11도(백, 크게 잡힌다)

흑1에 백2로 단수치고 4에 이어도 흑5, 7로 밀어둔 후 9에 막으면 하변 백이 크게 잡히는 모습이다.

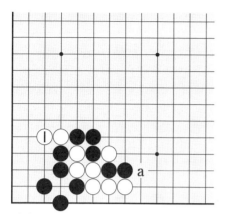

테마

귀를 위협하면?

이 상황에서 백이 a로 젖히지 않고 1로 늘어 슬며시 귀를 위협했다. 이 때 흑의 대처법에 대해 알아보자.

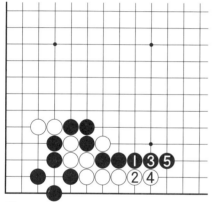

참고도 1

참고도 1(당연한 수순)

흑은 당연히 1로 늘어서 기분 좋다. 엄밀히 말해서 5까지 늘어두는 것은 괜찮다.

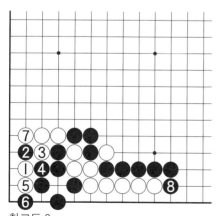

참고도 2

참고도 2(수상전의 결과는?)

백의 노림은 백1의 날일자 공격에 있다.

그러면 흑2의 건너붙임이 맥점이며 7까지 필연인데, 다음 흑8로 막고 수상전에 들어간다. 과연 수상전의 결과는?

37

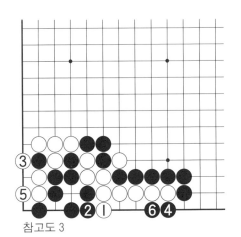

참고도 3

참고도 3(흑, 1수 승)

보다시피 백1 이하 6까지 서로 조여 가지만 흑의 1수 승임을 알 수 있다. 아쉽게도 백의 노림은 불발이 되었다.

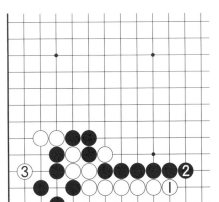

참고도 4

참고도 4(또 늘면 귀가 잡힌다)

따라서 백은 1로 한번 더 밀어가야 한다.

이때 흑2로 또 늘면 이번에는 백3의 공격으로 귀의 흑이 잡힌다.

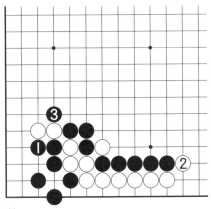

참고도 5

참고도 5(흑, 단연 유리)

앞 그림의 2가 너무 기분을 낸 수였다.

그 수로는 흑1로 귀를 지키고 백2로 젖히면 흑3으로 눌러가서 단연 유리하다.

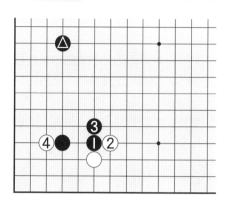

장면

■ 흑1, 3의 붙여뻗기에서 백4의 붙임이 특이하다. 일명 옆구리붙임이라 해도 좋을 것이다.

특히 흑▲의 배경이 있는 접바둑에서 주로 구사하는데 이럴 경우 흑의 대처법을 알아본다.

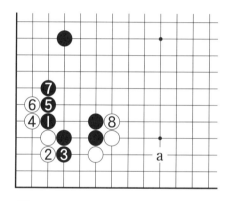

1도

1도(흑, 초라한 몰골)

흑1로 변에서 젖히면 백2로 귀를 확보한 후 4, 6으로 기분 좋게 밀어 간다.

다음 백8이나 a로 하변을 정돈하면 흑이 초라한 몰골이다.

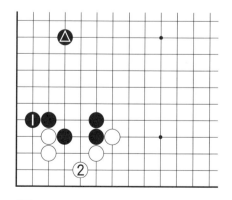

2도

2도(흑, 불만)

앞 그림의 2에 흑1의 내려섬은 ▲의 체면을 살려 그나마 좌변을 지키려는 뜻이다.

그런 점에서 앞 그림보다 낮지만 백이 귀를 잠식하며 2로 넘어가면 역시 흑의 불만이다.

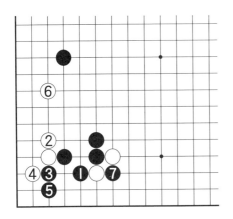

3도

3도(백의 자세가 좋다)

여기는 일단 흑1의 호구 막음이 힘찬 대응이다. 그러면 백은 귀나 변으로 늘 텐데 먼저 2로 변쪽을 선택할 경우이다.

이때 흑3으로 귀에서 젖히면 백4, 6의 자세가 좋다. 흑도 7로 제압해 그럭저럭 둘 수 있지만 약간 미흡하다.

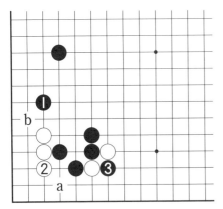

4도

4도(흑, 유리한 흐름)

따라서 앞 그림의 2에 흑1로 변에서 다가서는 것이 좋다. 그러면 백2로 귀에 살 때 흑3으로 하변도 제압한다.

이후 흑이 a와 b를 양쪽에서 활용할 수 있으니 유리한 흐름이다.

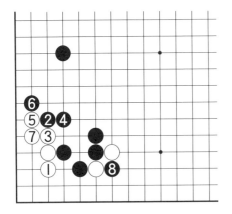

5도

5도(흑2, 행마의 요령)

3도의 2 대신 백1로 귀쪽을 선택하면 흑2로 하나 늦추며 다가서는 것이 행마의 요령이다.

다음 백3 이하 7이 확실히 사는 방법인데 흑8로 제압하면 흑이 단연 유리하다.

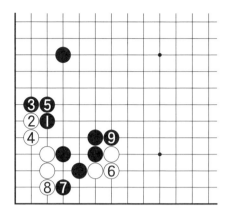

6도

6도(온건책)

흑1에 백2로 붙이는 방법도 있는데 흑은 상황에 따라 두 가지 선택이 가능하다.

먼저 3, 5로 바깥에서 젖혀잇는 것은 온건책이다. 다음 백6에 이으면 흑7을 활용하고 9로 두텁게 눌러간다. 물론 두터움 만으로도 흑이 충분하다.

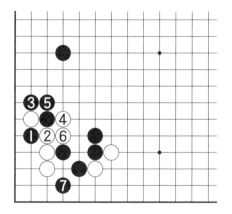

7도

7도(강공책)

이번에는 흑1로 안쪽 젖힘인데 부분 실리를 벌면서 공격하는 강공책이다.

백은 6까지 탈출하지만 흑7로 계속 안형을 공격하면 백이 매우 피곤한 모습이다.

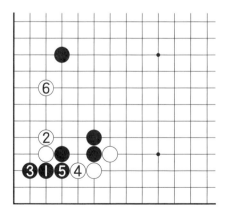

8도

8도(예측불허)

처음으로 돌아가 흑1, 3은 백을 양쪽으로 완전 차단하려는 생각이다. 이렇게 흑이 싸울 수도 있지만 백도 6까지 정돈하며 양쪽을 두고 있으니 예측불허이다.

이런 흑의 강수는 싸움에 자신 있어야 가능할 것이다.

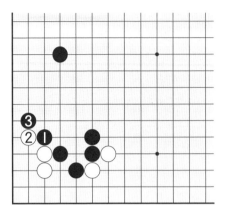

테마

▦ 이단 젖히면?

이 상황에서 흑이 늦추지 않고 1, 3 으로 강하게 이단 젖힌 장면이다. 과연 가능한 수단일까?

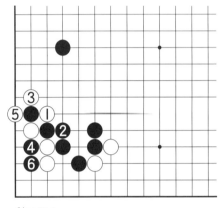

참고도 1

참고도 1(백, 손해)

백1, 3으로 한점을 잡으면 흑4, 6 으로 귀의 두점이 잡혀 백의 손해 이다.

이러면 백은 양쪽이 모두 약해서 별로 한 것이 없다.

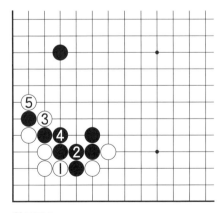

참고도 2

참고도 2(백, 실리가 크다)

백1로 치받는 것이 흑의 무리한 이 단젖힘을 타파하는 좋은 수이다.

흑2로 하변과의 연결을 차단하면 이제 백3, 5로 한점을 잡아도 귀가 다치지 않으니 실리가 크다.

붙여뻗기에서 상투적인 3드침입

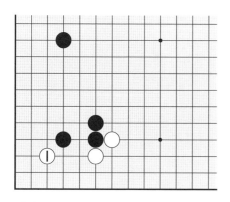

장면

▨ 붙여뻗기에서 백1의 3드침입은 상투적인 변칙 수단이다.

귀의 실리를 우선 탐내는 모양인데 이에 대한 흑의 대응책을 알아본다.

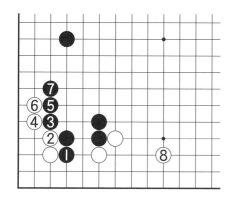

1도

1도(흑, 당한 결과)

흑1로 단순히 막으면 백2 이하 6으로 밀어두고 8로 하변에 손을 돌려 이상적인 흐름이다.

이 진행은 [7형] 1도에서도 보았듯이 흑이 당한 결과이다.

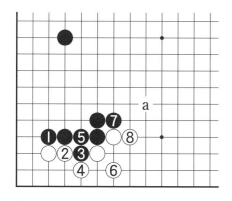

2도

2도(백, 우세)

흑1로 막는 것은 좌변을 지키겠다는 뜻이지만 3, 5로 끼워잇는 것은 보통 좋은 선택이 아니다.

이하 8까지 보듯이 귀를 장악하며 변으로 진출하는 백의 실리가 제법 크다. a의 대세점을 흑이 차지하더라도 백이 우세한 갈림이다.

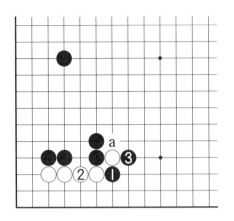

3도

3도(흑, 축이 유리한 경우)

앞 그림의 3으로 축이 유리하면 흑 1, 3으로 둘 수 있다. 귀는 주더라도 두터움으로 승부하겠다는 작전이다.

이런 경우 흑은 이른 시기에 a로 한점을 따내야 한다.

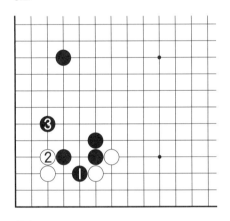

4도

4도(백, 불리)

여기는 일단 흑1의 호구로 막는 것이 힘차다. 이때 백2로 밀어 나가면 흑3의 날일자 차단이 제격이다.

그러면 [7형]에서도 다루었지만 백이 좋은 결과가 없다.

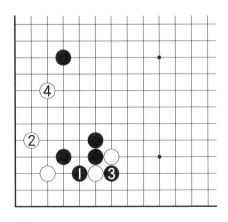

5도

5도(흑진 파괴)

흑1에는 백2의 날일자 행마가 제격이다.

이때 흑3으로 한점을 제압하면 백4로 좌변 흑진이 보기 좋게 파괴된다.

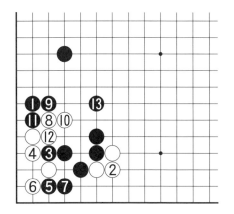

6도

6도(흑1, 공격의 요처)

앞 그림의 2에는 흑1이 백의 진출을 가로막는 요처이다.

다음 백2로 손을 돌리면 흑3, 5로 상대 안형의 급소를 공격하며 13까지 백이 위험하다.

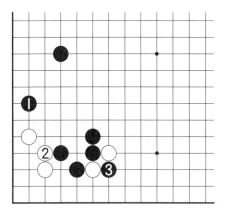

7도

7도(흑, 충분)

흑1의 공격에는 백2로 지키는 정도이다.

그러면 이제 흑3으로 하변을 제압해 충분하다.

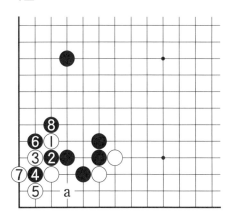

8도

8도(백, 미흡)

5도의 2 대신 백1의 뜀도 하나의 행마법이지만 이 경우는 흑이 8까지 한점을 잡고 만족한다.

a의 활용도 있고 하변도 약한 백이 미흡하다.

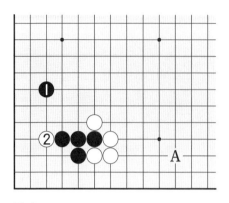

장면

■ 붙여막기 정석에서 흑1의 눈목자는 아주 소극적이며 허술한 지킴이다. 백은 일단 A로 벌려 진용을 갖춘 후 다음을 노려도 충분한데 전격 2로 붙여왔다.

물론 거기가 약점이긴 하지만 시기도 중요한 법이다. 그럼 흑은 어떻게 처리하면 좋을지 알아본다.

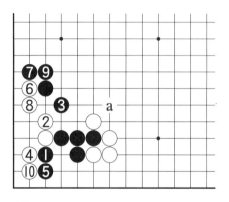

1도

1도(흑, 당한 결과)

우선 흑1, 3은 변으로 몰아 봉쇄하려는 뜻이지만 백4 이하 10이면 안에서 쉽게 살아버린다.

a쪽도 백의 선수이니 흑이 당한 결과이다.

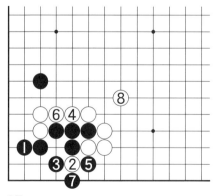

2도

2도(백, 두터움)

앞 그림의 2에 흑1로 귀를 지키면 백2로 젖히고 4로 눌러막는 것이 좋은 수순이다.

이하 8까지면 바깥을 도배한 백이 두터운 결과이다.

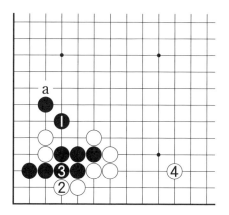

3도

3도(백, 순조로운 흐름)

앞 그림의 2에 흑1로 두점을 잡으면 어떨까?

그러면 백2를 활용한 후 4로 벌려 백의 흐름이 순조롭다. 백은 좌변에서 a의 활용도 제격이다.

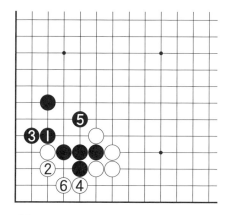

4도

4도(백, 대만족)

처음으로 돌아가, 흑1로 변에서 젖히는 것이 올바르다.

백2로 늘 때가 문제인데 흑3으로 내려서면 사고이다. 백4의 젖힘에 흑5로 지킬 수밖에 없는데 백이 6으로 넘어가면 대만족이다.

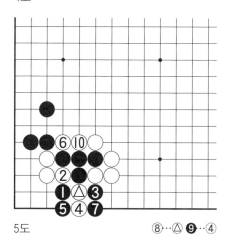

5도　　　　⑧…△ ❾…④

5도(조이는 수순)

앞 그림의 4에 흑1로 차단하면 백2의 끊음이 성립한다.

내친김에 흑3으로 끊을 텐데 백은 4 이하 10으로 조일 수 있다.

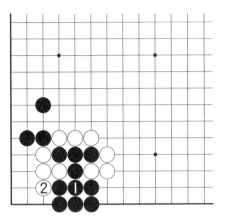

6도

6도(흑, 죽음)

그러면 흑1로 이을 때 백2로 막아 하변 흑이 몽땅 죽는 모습이다.

실전에서 이런 경우를 당하면 바둑이 끝났다고 해도 과언이 아니다.

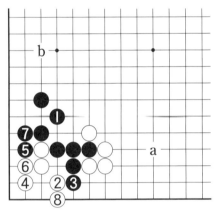

7도

7도(작게 살려준다)

4도의 2에 흑1의 양호구 지킴이 정수이다. 다음 백은 2 이하 8로 귀에서 조그맣게 사는 정도이다.

그러면 흑은 상황에 따라 a쪽 협공이나 b쪽 벌림으로 균형을 맞출 수 있다. 물론 백도 시기만 적당하면 강력한 노림이 된다.

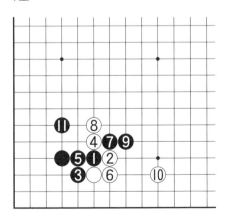

8도

8도(흑, 충분한 싸움)

원래 흑1, 3의 붙여막기 정석에서 백4 다음 6에 이으면 흑7의 끊음이 강력하다.

그러면 전투 양상인데 이하 11까지 흑이 귀를 확보하면서 두므로 충분한 모습이다.

10형 한칸협공에서 두점머리 젖힘

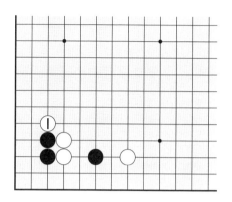

장면

▨ 한칸협공 정석에서 백1로 두점머리를 젖힌 장면이다. 바둑 격언에서 두점머리는 두드리라고 했지만 여기서도 가능할까?

만일 그렇지 않다면 흑의 효과적인 대응책을 알아본다.

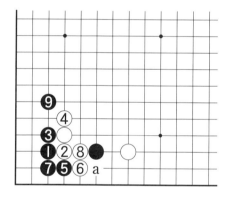

1도

1도(기본 정석)

한칸협공에 흑1의 3三침입이 출발점이다. 다음 흑3에 보통은 백4로 늘어두는 것이 정수이다.

그러면 흑5 이하 9까지 기본 정석이다. 요즘은 백8로 a에 두는 경향이 있다.

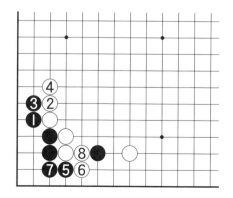

2도

2도(백, 두터움)

흑1, 3으로 기는 것은 백이 두점머리를 젖힐 때부터 원하던 진행이다.

이하 8까지 되면 백의 두터움이 상당하다.

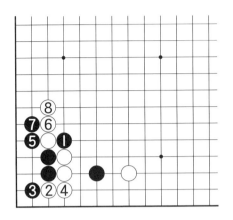

3도

3도(끊음에 대한 대책)

그렇다면 흑1의 끊음은 어떤가. 강한 도전이지만 백은 귀에서 2, 4의 젖혀이음을 준비하고 있다. 그러면 흑5, 7로 밀어가야 하는데~

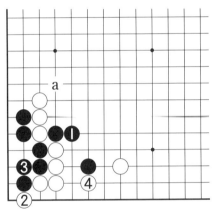

4도

4도(흑, 피곤한 싸움)

다음 흑1로 늘어 싸워야 할 텐데 백은 2를 결정한 후 4로 연결해 둔다. 그러면 a쪽이 백의 선수인 만큼 아무래도 흑이 피곤한 싸움이다.

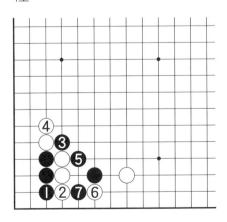

5도

5도(간명한 대응책)

처음으로 돌아가, 흑1의 내려섬이 간명한 대응책이다. 이때 백2로 따라 막으면 이번에야말로 흑3의 끊음이 통렬하다.

　백4로 한점을 살리면 흑5의 젖힘으로 백 석점이 잡힌다. 백6에는 흑7의 끼움이 맥점이다.

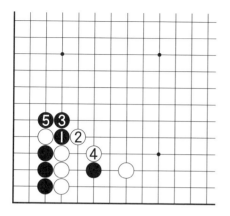

6도

6도(흑, 만족)

흑1에 백2, 4로 하변을 살리면 이번에는 흑5로 좌변을 제압해 흑의 만족이다.

말하자면 좌변과 하변이 맞보기로 백이 곤란한 모습이다.

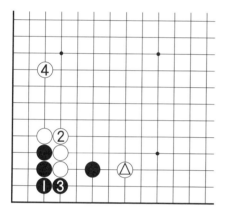

7도

7도(흑, 충분)

흑1에는 백도 2로 잇는 정도이다. 그러면 흑이 3으로 연결해 백의 도발을 저지한다.

다음 백4로 벌린다면 △의 역할이 불분명한 만큼 흑이 충분한 모습이다.

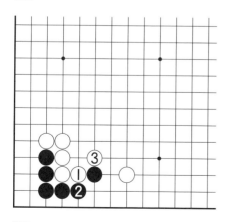

8도

8도(백도 두터움으로 버틴다)

상황에 어울린다면 백도 1, 3으로 봉쇄하는 것이 같은 타협이라도 노선이 확실해서 좋을 듯하다.

그러면 백도 두터움으로 버틸 수 있겠다.

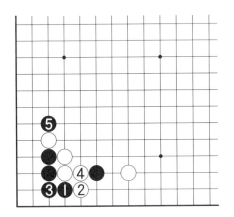

9도

9도(적극적 대응책)

흑의 적극적 대응이라면 1, 3의 젖혀이음을 생각할 수 있다.

백4로 이을 때 흑5의 껴붙임이 교묘한 맥점이다.

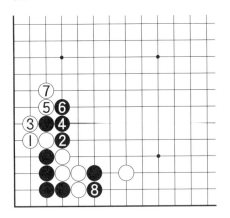

10도

10도(백, 피곤한 전투)

다음 백1로 차단하면 흑2로 끊을 예정이다. 백3에는 흑4, 6으로 밀고 8로 하변을 압박한다.

그러면 아무래도 이 전투는 백이 피곤한 모습이다.

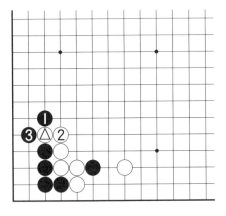

11도

11도(흑의 이득)

흑1에 백도 불리한 전투를 피하자면 2로 잇는 것이 간명한데 흑은 3으로 넘으며 흐뭇하다.

이 결과는 기본 정석 이후 △와 3으로 백이 악수교환을 한 셈이니 흑의 이득이다.

한칸협공에서 은근한 귀의 젖힘

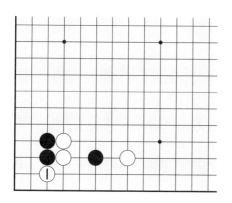

장면

■ 한칸협공에서 백1로 새롭게 도전했다. 이번에는 귀로 젖힌 만큼 실리를 중시한 듯한데 은근한 노림도 내포되어 있다.

그럼 흑은 어떻게 대응하면 좋을지 알아본다.

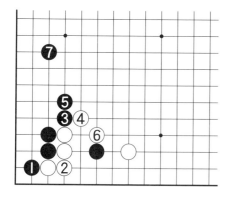

1도

1도(흑, 우세)

흑1에 백2의 이음은 당연하다. 다음 흑3에 젖힐 때 백4, 6으로 곱게 받으면 흑7에 벌려 일단락이다.

이러면 얼핏 타협이지만 좌변 폭이 넓은 흑이 우세한 결과이다.

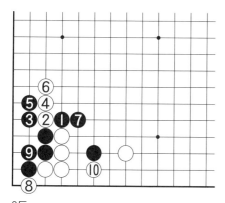

2도

2도(흑, 불리)

흑1에는 백2의 끊음이 노림이었다. 그러면 흑3, 5로 밀고 7로 늘면서 중앙 전투로 번지는데 이하 10까지 [10형] 4도에서 보았던 진행 아닌가. 흑이 불리한 모습이다.

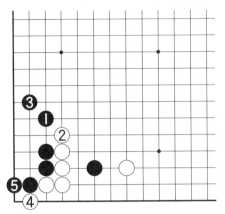

3도

3도(백의 은근한 노림)

1도의 2에 흑1로 낮게 뛰면 일단 무난할 것이다. 문제는 백2의 급소를 맞아 5까지 되면 흑이 별게 없는 결과이다.

서로 강편치 교환은 없지만 백의 은근한 노림이었다.

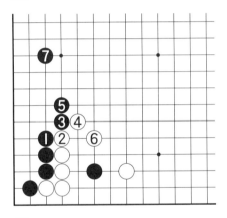

4도

4도(흑, 실리가 크다)

여기는 흑1로 가만히 느는 것이 묘미가 있다. 백2로 누르면 이제 흑3에 젖힐 수 있다.

이하 7까지 일단락인데 흑의 실리가 크다.

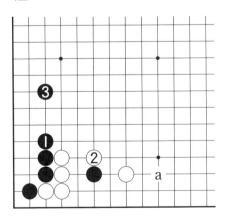

5도

5도(흑, 충분)

흑1에 백2로 바로 하변을 보강하면 흑3에 벌려 충분하다.

나중에 흑이 a로 접근하면 백 진영의 엷음이 노출된다.

두칸높은협공에 밭전자로 씌우다

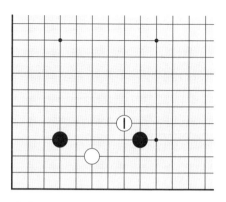

장면

■ 두칸높은협공에 백1의 밭전자로 씌운 장면이다. 어떻든 손해 볼 것 없다는 상대의 완력이 느껴진다.

그럴수록 흑은 차분해야 하는데 어떻게 대응하면 좋을지 알아본다.

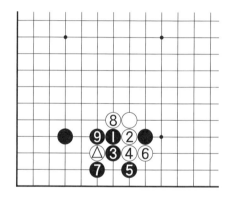

1도

1도(백의 노림)

일단 흑1로 가르고 싶은 유혹은 인간의 본능이다.

그러면 백은 2, 4로 관통하고 흑 5, 7로 정리할 때 백8까지 선수해 △를 사석으로 최대한 활용한다. 백이 두터운 결과이며 노림이었다.

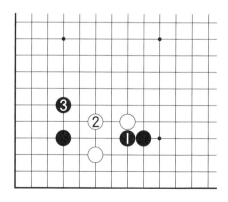

2도

2도(백, 불리)

흑1로 변에서 밀어보자. 이때 백2로 뛰면 흑3으로 같이 뛰기만 해도 백은 중앙 모양이 허술한 만큼 불리한 모습이다.

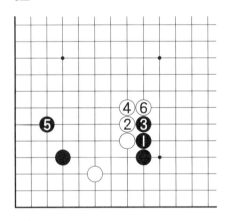

3도

3도(흑, 불만)

흑1에는 백2로 막는 것이 두터운 자세이다. 흑3의 끊음은 기세인데 백4, 6으로 밀어둔 후 8로 귀를 압박하는 흐름이 좋다.

백△가 움직이는 맛도 남았으니 흑의 불만이다.

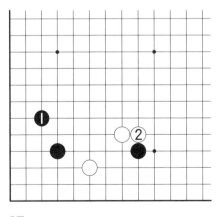

4도

4도(백도 두텁다)

이번에는 흑1, 3으로 중앙으로 밀어보자.

그런 후에 흑은 5로 귀를 지켜 양쪽을 두겠다는 뜻이지만 백도 6으로 꼬부리면 두터워서 충분하다.

5도(눌러가는 자세가 좋다)

처음부터 흑1의 지킴은 상대에게 리듬을 주지 않겠다는 뜻인데, 그러면 백2에 눌러가는 자세가 좋다. 그런데 백이 이렇게 두지 않고~

5도

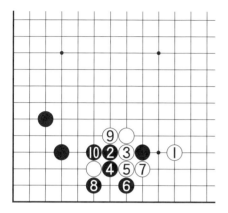

6도

6도(백, 중복)

백1로 협공하면 흑은 여기서 2로 밭전자의 약점을 가르고 싶다.

그러면 백3, 5로 관통해도 이하 10까지 백은 중복이고 흑의 실리가 크다. 1도와 비교해보기 바란다.

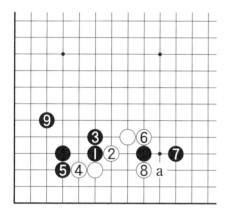

7도

7도(흑, 활발)

처음으로 돌아가 흑1, 3으로 붙여 뻗는 것이 무난한 대응이다.

그러면 이하 9까지 예상되는 진행인데 서로 타협이지만 변에 a의 활용도 있는 흑이 활발한 모습이다.

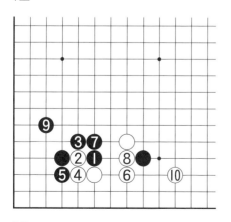

8도

8도(흑, 충분)

흑1에 백2로 끼워 변화를 구하면 흑은 9까지 귀를 굳혀 충분하다.

백도 10으로 하변에 터전을 마련하지만 약간 엷은 모습이다.

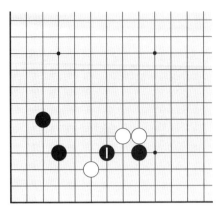

테마

🏓 이런 경우의 대응법

장면의 5도를 가져왔다. 이 상황에서도 흑1로 밭전자의 약점을 가르면 백은 어떻게 대응해야 할까?

　주변 모양에 따라 방법도 달라져야 한다.

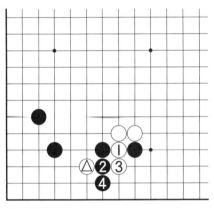

참고도 1

참고도 1(백, 중복)

백1, 3으로 관통하면 △는 속절없이 다치고 바깥 백은 역시 중복이다. 백의 고지식한 방법이다.

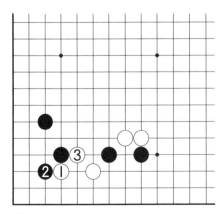

참고도 2

참고도 2(현명한 변신)

여기는 백1, 3으로 귀에서 변화를 모색하는 것이 현명하다.

　그러면 귀와 변, 양쪽이 바쁜 흑의 다음 행마가 어렵다.

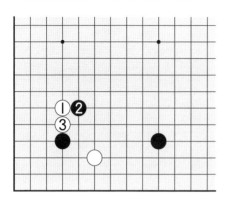

장면

▨ 세칸높은협공을 배경으로 백1의 높은 양걸침은 상용 수단이다. 이럴 경우 흑2의 붙임도 많이 쓰이는데 백3의 치받음은 생소하다.

보기에도 과격한데 흑의 대응법을 알아본다.

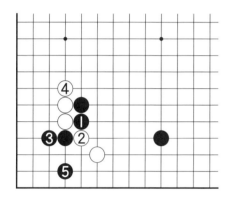

1도

1도(흑의 오산)

흑1로 막고 백2로 끊어만 주면 흑은 3, 5로 귀를 지킨 후 중앙에서 충분히 싸울 수 있다.

이 진행이 필연이라고 생각하면 흑의 오산이다.

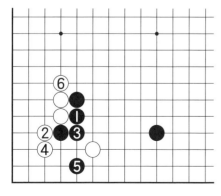

2도

2도(백, 실리가 돋보인다)

흑1에는 백2로 귀에서 젖힐 예정이다. 다음 흑3에 이으면 백4로 귀에 들어가고 흑5로 차단하면 백6으로 변에 늘어 귀와 변으로 이어지는 백의 실리가 돋보인다.

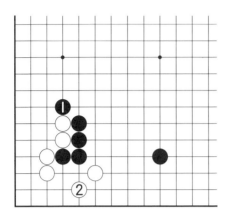

3도

3도(흑, 기분만 내다)

앞 그림의 4에 흑1로 젖히면 백2로 연결해 역시 백의 실리가 크다.

흑은 두점머리 젖힘으로 기분만 냈을 뿐이다.

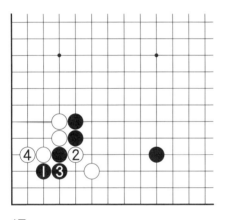

4도

4도(흑, 불리한 싸움)

2도의 2에 흑1의 이단젖힘도 기세이지만 백2, 4로 끊어서 싸우면 흑이 불리하다.

기세만으로는 부러질 염려도 있으니 유의해야 한다.

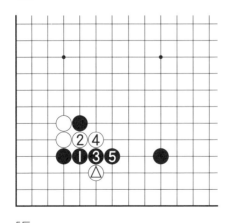

5도

5도(흑, 늦추는 요령)

상대가 이처럼 세게 나올 때는 흑1로 늦추는 것이 요령이다.

백2, 4로 나와도 흑3, 5로 계속 늘어 백△를 관통하면 흑의 실리가 커서 만족이다.

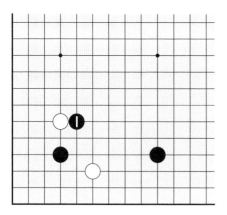

테마

⊞ 정석 배우기

높은 양걸침에서 흑1로 붙일 때 가장 알기 쉬운 정석 하나만이라도 배워보자.

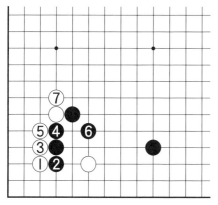

참고도 1

참고도 1(기본 정석)

백1의 3三침입이 간명하다. 흑2에 막으면 백3 이하 7까지 기본 정석이다.

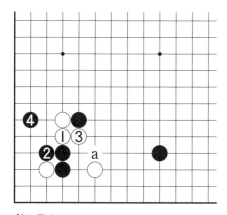

참고도 2

참고도 2(흑, 충분)

앞 그림의 2에 백1로 치받으면 흑2의 꼬부림이 올바르다. 그러면 백3으로 서로 관통하지만 흑은 4로 지켜서 충분하다.

흑이 전투에 자신 있다면 4로 a의 건너붙임이 유력하다.

2
기본적
변칙 수법
(소목 편)

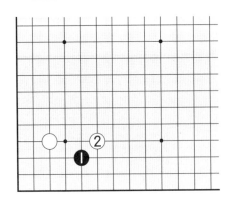

1형   날일자걸침에 어깨짚기 고압작전

▨ 흑1의 날일자걸침에 백2로 대뜸 어깨 짚었는데 일종의 고압작전이다. 이런 경우에는 수순 하나만 잘못돼도 바로 당하기 십상이다.

그럼 흑은 어떻게 대응하면 좋을지 알아본다.

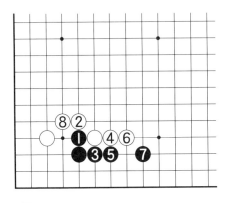

1도

1도(백, 두터움)

일단 흑1로 나가는 것은 당연한데 다음 3 이하 7로 변에 진출하면 백은 8로 연결하며 단단하고 두터운 모양이다. 흑이 당한 결과이다.

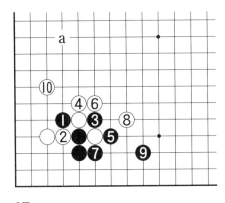

2도

2도(백, 유리)

흑이 바깥으로 나가더라도 1의 젖힘을 먼저 두고 3, 5로 한점을 잡는 것은 수순이 잘못되었다.

백은 6, 8을 결정한 후 10으로 지키면 중앙이 두터워 유리한 결과이다. 상황에 따라 백10은 a쪽 벌림도 가능하다.

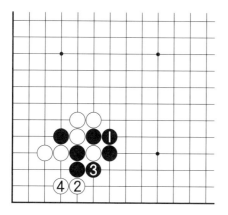

3도

3도(백2, 맥점)

앞 그림의 4에 흑1로 잇는 것이 좀 두텁기는 한데 백2의 맥점이 기다린다.

다음 흑3으로 물러서고 백4로 되면 흑은 중복이고 백의 실리가 제법 크다.

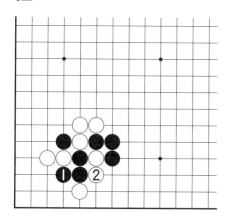

4도

4도(흑, 싸우기 어렵다)

앞 그림의 2에 흑1로 반발하면 백2로 막으며 한점을 나가 흑이 싸우기 어렵다.

귀에서 겨우 살 수야 있겠지만 그동안 두터움을 허용하면 흑이 살고도 망할 공산이 크다.

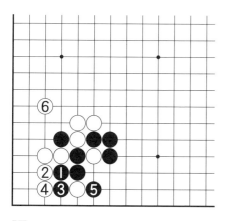

5도

5도(백, 실리로 앞서간다)

흑1에 백은 싸울 필요 없이 2, 4로 막은 후 6으로 지키기만 해도 실리로 앞서갈 수 있다.

물론 앞 그림처럼 싸우는 것이 이득이 클 것이다.

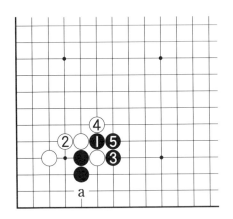

6도

6도(흑, 충분)

1도의 2에 흑1 쪽으로 끊는 것이 올바른 수순이다. 백2로 연결하면 흑3, 5로 한점을 잡아서 충분하다.

이러면 백 진영도 허술하고 a의 맛도 없으니 백의 고압작전은 실패로 끝난다.

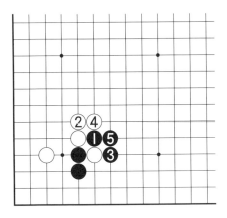

7도

7도(백 진영이 허전하다)

흑1에 백2로 늘어도 흑3, 5로 한점을 잡아 역시 충분하다.

백 진영은 앞 그림과 마찬가지로 뭔가 허전해 보인다.

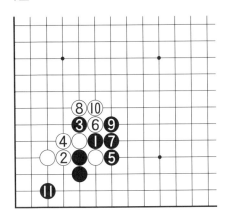

8도

8도(흑, 실리가 앞선다)

흑1에 백2로 막는 것은 두텁게 정리하자는 뜻인데 흑은 일단 3, 5의 수순으로 한점을 잡는다.

이하 10까지 중앙이 정리되고 나서 흑11로 귀에 달리면 흑의 실리가 앞선다.

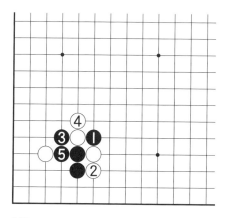

9도

9도(백이 막는 변화)
흑1에 백은 축이 유리하면 2로 막
는 수를 생각할 수 있다. 그러면 흑
3, 5로 나가고 나서~

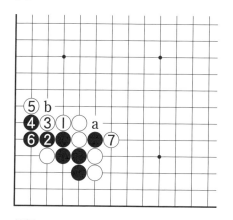

10도

10도(흑, 충분)
백1 이하 5로 막은 후 7로 한점을
잡을 것이다. 이러면 물론 표면상
백의 두터움도 좋지만 선수로 귀의
실리를 차지한 흑이 충분하다.
　a의 축머리 활용과 b쪽의 맛도
백의 부담일 것이다.

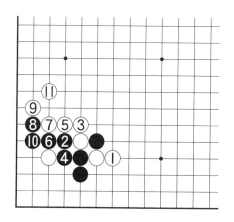

11도

11도(흑, 선수 실리가 좋다)
축과 관계없이 두자면 백1로 늘어
둘 테지만 그러면 이하 11까지의
진행이 예상된다.
　역시 흑의 선수 실리가 상대적으
로 좋다.

2형   소목 씌움에 허술한 두칸벌림

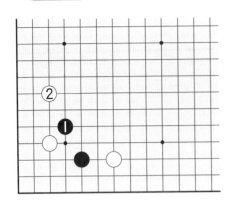

장면

▨ 한칸협공에서 흑1로 소목에 씌우자 백2로 두칸 벌린 장면이다.

보기에도 이 벌림은 허술한 모양인데 가볍게 생각했다간 큰 코 다칠 수 있다. 그럼 흑의 대응책에 대해 알아본다.

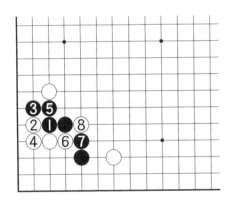

1도

1도(백의 함정 수순)

우선 흑1로 당장 막아보자. 실은 이 수는 당연한데 백2, 4에 흑5로 이으면 이제 돌아올 수 없는 강을 건넌다.

백은 6, 8로 끊으며 한몫 잡을 생각에 마음이 부풀 것이다.

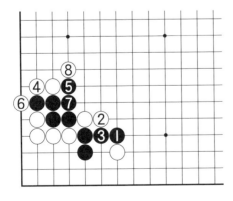

2도

2도(흑, 불리한 싸움)

다음 흑1로 받으면 백2를 선수한 후 4로 좌변을 압박한다.

그러면 이하 8까지 흑이 불리한 싸움이다.

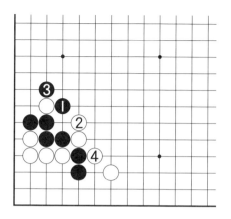

3도

3도(하변 흑이 잡힌다)

1도 다음 흑1로 젖혀 좌변을 지키면 백2, 4로 막아 하변 흑이 잡힌다. 중앙에서 흑이 끊기는 순간 어느 한쪽이 피해를 보는 모습이다.

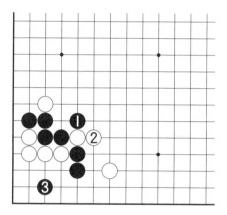

4도

4도(무서운 함정)

1도 다음 흑1, 3이면 귀의 백 넉점을 잡겠다는 의사표시인데, 사실 여기에 무서운 함정이 숨어있다.

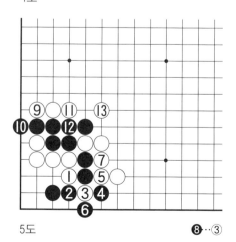

5도

5도(봉쇄)

그러면 백은 1, 3으로 끊어 5, 7로 조인 다음 9 이하 13까지 좌변 흑을 봉쇄한다. 이제 귀와 변의 수상전인데~

⑧…③

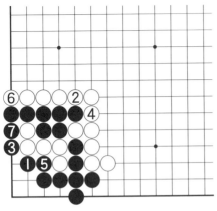

6도

6도(철벽)

물론 수상전은 흑1 이하 7까지 흑 승이지만 그동안 백이 쌓아올린 벽 돌을 보라.

　이를 말해 철벽이라 하지 않던 가. 흑이 다섯점 잡고 쫄딱 망한 결 과이다.

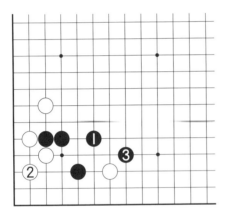

7도

7도(함정 타파법)

거슬러 올라가 1도의 2에 흑1로 중 앙을 지키는 것이 함정을 피해가는 수단이다.

　다음 백2로 보강하면 흑3으로 압 박해 충분하다.

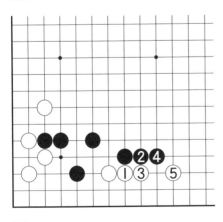

8도

8도(흑, 선수 두터움)

이후 백1 이하 5로 하변에 진출하 면 흑도 선수로 자연스레 두터워진 다. 이 두터움을 잘 살리면 흑이 판 을 주도할 수 있을 것이다.

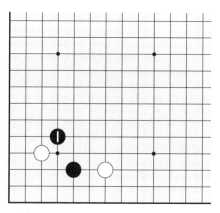

테마

▦ 정석 배우기

한칸협공에서 흑1로 씌울 때 가장
알기 쉬운 정석에 대해 배워보자.

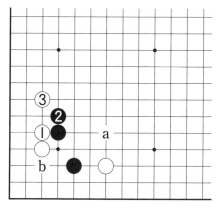

참고도 1

참고도 1(간명)

백1, 3으로 변에 진출하면 아주 간
명하다.

　그러면 상황에 따라 흑은 변을
압박한 만큼 a로 두텁게 두든가 b
의 붙임도 생각할 수 있다.

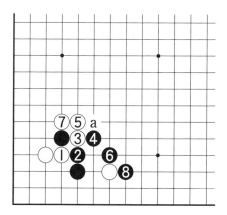

참고도 2

참고도 2(정석)

백1, 3으로 나와끊는 수도 있다. 그
러면 이하 8까지 서로 좌변과 하변
을 제압하는 정석이다. 이후 a 자리
는 서로 간에 요소이다.

한칸협공에 붙여뻗은 후 씌우다

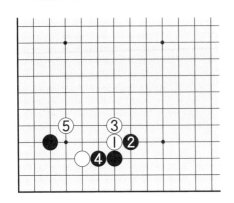

장면

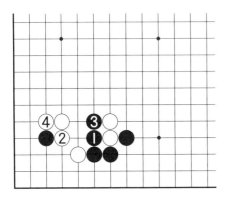

1도

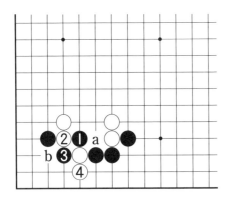

2도

■ 한칸협공에 백1, 3으로 붙여 뻗고 5로 씌운 장면이다.

하변에 흑 모양을 허용해서 일단 백의 손해인데 그만큼 숨겨진 발톱이 있다. 그럼 흑의 대응책에 대해 알아본다.

1도(귀의 실리 확보)
중앙 백 모양이 허술하다 해서 흑1, 3으로 나가면 그동안 4까지 귀는 백집이 된다.

백은 붙여뻗은 두점을 미끼로 삼아 귀의 실리를 크게 확보했다.

2도(흑, 지나친 행동)
흑1, 3으로 강하게 끊는 것은 주변 여건을 고려하지 않은 지나친 행동이다.

백4로 나온 다음 a와 b가 맞보기가 되니 흑이 함정에 제대로 걸려들었다.

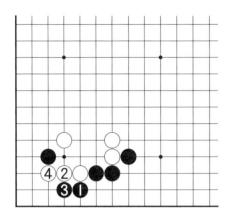

3도

3도(흑, 안일)

흑1, 3으로 밀어 귀를 포기하는 것은 하변만 생각한 안일한 행동이다.

귀의 한점을 제압한 백 모양이 두터워 흑이 상대의 완력에 당한 결과이다.

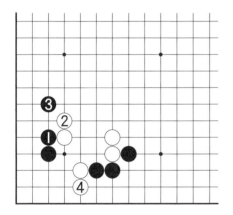

4도

4도(성급한 진출)

그렇다면 일단은 흑1로 밀어가야 한다는 말인데 백2에 흑3의 진출은 상식이지만 이 배경에서는 성급했다. 여기에 백의 노림이 숨어있는데 4로 내려선 다음~

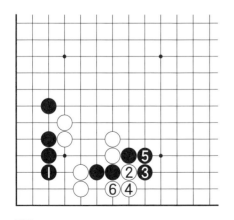

5도

5도(백, 두터운 안정)

이제 와서 흑이 사태의 심각성을 깨닫고 1로 귀를 지키면 백은 2 이하 6으로 두점을 잡는다.

그러면 백이 두텁게 안정하며 하변의 흑 석점은 미생에 가깝다.

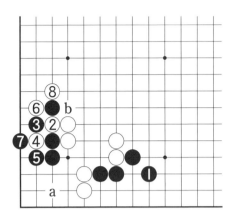

6도

6도(백, 두터움)

4도 다음 흑1로 하변을 지키면 어떤가. 그러면 백2, 4로 끊어 좌변을 공략한다.

흑5로 한점을 잡으면 8까지 필연인데 다음 흑a, 백b로 될 테니 이 결과는 한점을 따낸 백이 두텁다. 물론 축은 백이 유리해야 한다.

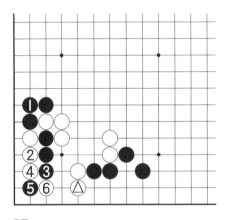

7도

7도(준비된 끊음)

앞 그림의 4에 흑1로 이으면 백2 이하 6의 끊음이 준비되어 있다.

이러면 백△의 내려섬이 귀에서도 활용되는데~

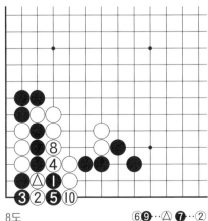

8도

6**9**…△ **7**…②

8도(일사천리로 조인다)

흑1로 단수칠 때 백은 2로 키운 후 6으로 먹여치고 10까지 일사천리로 조여갈 수 있다. 그러면~

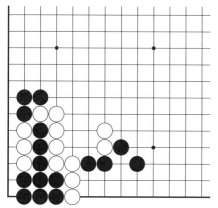

9도

9도(귀의 흑 전체가 잡히다)

이런 모양으로 귀결되지만 귀의 흑 전체가 잡혀있음을 확인할 수 있다.

그러면 정말 백의 함정에 흑이 제대로 걸려들었다.

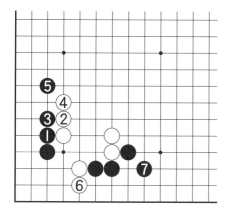

10도

10도(흑, 양쪽을 해결한다)

처음으로 돌아가 흑은 1, 3으로 한 번 더 밀고 5로 진출하는 것이 올바른 수순이다.

그러면 백6에 흑7로 하변도 지키며 양쪽 변을 모두 해결할 수 있다. 결국 백 모양만 허술해졌다.

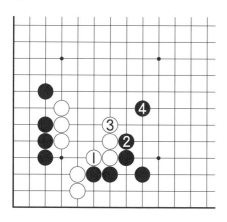

11도

11도(흑, 활발)

다음 백1로 보강하면 흑2, 4로 처리해서 흑이 효율적 진행이다.

보기에도 백은 한곳에 몰려 중복이고 흑은 활발한 모습이다.

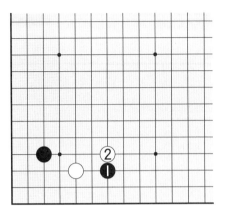

테마

▦ 정석 배우기

흑1의 협공에 백2로 변에 붙일 경우 가장 알기 쉬운 정석에 대해 배워보자.

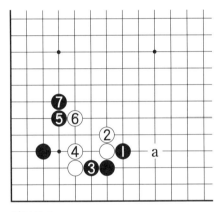

참고도 1

참고도 1(위로 느는 경우)

흑1의 젖힘에 백2로 위로 늘면 흑3에 치받은 후 7까지 기본 정석이다.

　다음 백은 a로 협공하는 흐름이 보통이다.

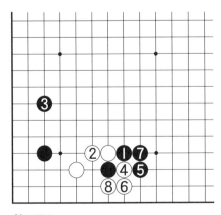

참고도 2

참고도 2(옆으로 끄는 경우)

흑1에 백2로 끌면 흑3으로 두칸 벌리는 것이 무난하다.

　그러면 백4로 끊은 후 8까지 역시 정석 진행이다.

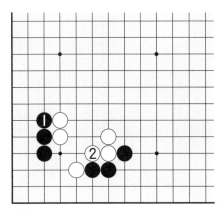

테마

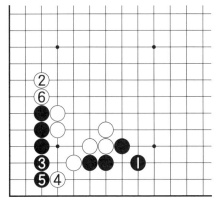

참고도 1

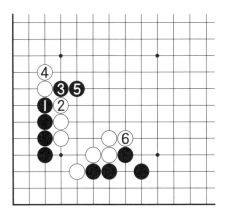

참고도 2

▦ 백이 틀어막으면?

흑1에 밀어 백의 도발을 분쇄하자 이번에는 백2로 틀어막아 하변부터 압박한다.

여기에도 백의 노림이 있지만 흑의 대응책을 알아보자.

참고도 1(백, 두터움)

흑1로 하변을 지키면 백2의 날일자로 좌변 통로를 차단하는 것이 요점이다.

흑3으로 귀를 지키면 백4를 활용한 후 6으로 좌변을 틀어막아 백이 두터운 모습이다.

참고도 2(백도 충분히 싸운다)

앞 그림의 2에 흑은 기세 상 1, 3으로 끊을지도 모른다.

그러면 백도 4, 6으로 충분히 싸울 수 있다.

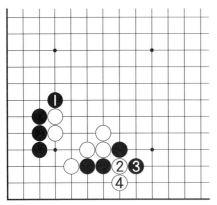

참고도 3

참고도 3(백, 충분)

처음으로 돌아가, 흑1의 좌변 젖힘이 요처이다. 그런데 방향은 맞지만 수순이 정교하지 못했다.

　백은 2, 4로 두점을 효과적으로 잡아서 충분하다.

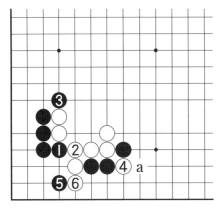

참고도 4

참고도 4(흑, 충분)

흑1을 선수하고 3으로 젖히는 것이 정교하다. 백4로 끊으면 귀에서 흑5의 활용이 교묘하다.

　백6에 막으면 a의 활용이 있는 만큼 흑이 충분하다. 백 모양은 비능률적임도 간파해야 한다.

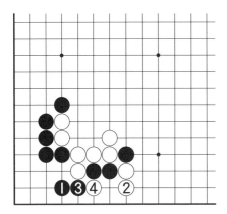

참고도 5

참고도 5(흑집이 크다)

흑1에 백2면 하변 활용을 차단하면서 두점을 잡을 수 있지만, 흑3이 선수인 만큼 귀와 변으로 이어진 흑집이 크다.

4형 두칸높은협공에서 붙여 젖히는 억지 차단

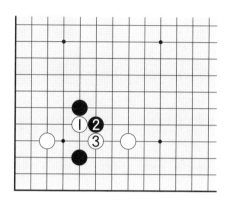

장면

▒ 두칸높은협공에서 백1, 3으로 붙이고 젖힌 것은 흑의 중앙 진출을 원천 차단하려는 뜻이지만 억지스럽다.

그만큼 백의 단점도 많이 노출되지만 흑은 어떤 식으로 공략해야 할지 알아본다.

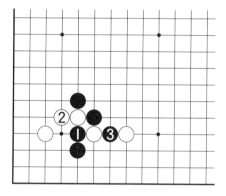

1도

1도(정공법의 경우)

우선 흑1, 3으로 끊고 단수치는 것은 쉽게 생각할 수 있는 정공법이다. 그런데 과연 통하는 수단일까?

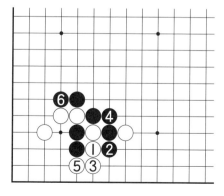

2도

2도(흑, 두터움)

이때 백1로 나가면 흑2, 4로 하변을 관통한 후 6으로 좌변을 눌러가서 흑이 두터운 진행이다.

물론 백은 이렇게 두지 않을 것이다.

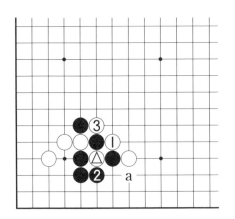

3도

3도(돌려치는 수단)

1도 다음 백은 1, 3으로 끊어 돌려치는 수단이 유효적절하다.

그러면 흑은 ⓐ에 잇든지 a로 젖히든지 해야 하는데~

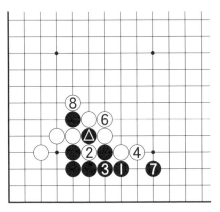

4도　　　　　　　　　　❺‥ⓐ

4도(백, 외세가 돋보인다)

흑1로 젖히면 백2로 따내면서 4로 하변을 압박한다.

그러면 이하 8까지 진행이 예상되지만 백의 외세가 돋보인다.

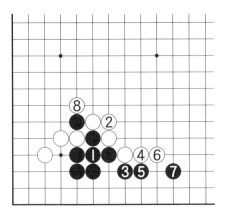

5도

5도(결국 흑의 실패)

1도 다음 흑1로 이으면 백도 2로 이은 후 8까지 역시 백의 외세가 더욱 빛을 발한다.

따라서 1도 흑의 공략법은 실패로 돌아갔다.

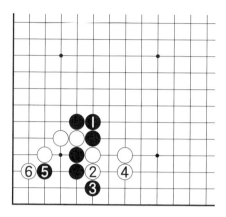

6도

6도(흑, 곤란)

그렇다고 1도의 2에 흑1로 이으면 백2로 기분 좋게 막는다.

흑3, 5로 귀에서 움직여 봐도 백6에 젖히는 순간 흑이 곤란한 모습이다.

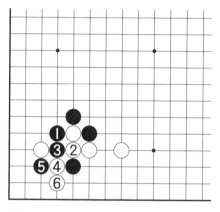

7도

7도(흑의 공략법)

처음으로 돌아가 흑1, 3으로 좌변 쪽에서 치고 나가는 것이 좋은 공략법이다.

백4에 끊으면 흑5로 단수치고 나서 다음 처리가 중요하다.

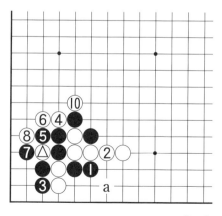

8도   ❾…△

8도(흑, 실리에 집착할 경우)

흑이 실리만을 추구하면 1, 3으로 두점을 잡아서 간단하다.

그러면 10까지 백은 중앙에서 힘을 발휘할 것이다. a의 활용도 남아 이 진행은 백도 충분하다.

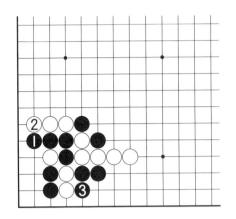

9도

9도(흑의 변화)

흑이 하변 활용을 피하려면 앞 그림의 7 대신 흑1로 늘고 3으로 잡는 것이 요령이다. 그러면 백도 2로 막는 수가 힘차다.

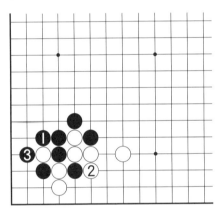

10도

10도(간명책)

균형을 생각하면 7도 다음 흑1의 단수가 간명하다.

그러면 백2에 흑3으로 한점을 따내며 타협인데, 적당한 실리와 더불어 중앙에도 진출하고 있는 흑이 유리한 진행이다.

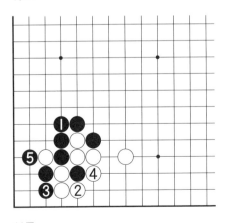

11도

11도(효율적 강수)

실은 7도 다음 흑1의 변쪽 이음이 더 멀리 내다보는 강수이다. 백2로 하변을 지키면 흑3을 활용한 후 5로 한점을 잡는다.

그러면 앞 그림보다 흑 모양이 효율적이다.

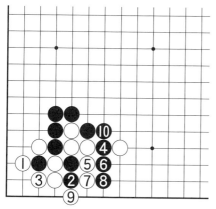

12도

12도(흑, 철벽)

앞 그림의 2 대신 백1로 귀의 한점을 잡으면 흑2, 4로 하변을 관통한다. 그러면 이하 10까지 흑의 철벽이 국면을 압도한다.

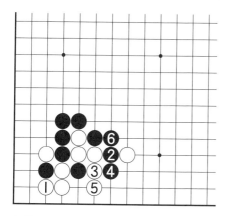

13도

13도(뒷문이 열린다)

백1 쪽 단수는 앞 그림과 같은 막강한 외세를 주지 않으려는 뜻이다.

그러면 흑2로 관통해도 6까지 뒷문이 열려있는 만큼 백도 견딜 수 있다.

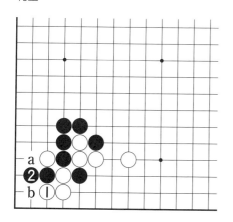

14도

14도(응수타진의 묘미)

백1에 흑2로 나가 동태를 살피는 것이 묘미 있는 응수타진이다.

다음 백a나 b의 선택에 따라 흑은 리듬을 타겠다는 뜻인데~

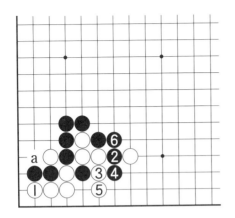

15도

15도(한점 잡는 맛)

백1이면 이제 흑은 2 이하 6까지 마음 놓고 관통한다.

역시 뒷문은 열려있지만 a로 한 점 잡는 맛이 남은 만큼 흑이 충분한 모습이다.

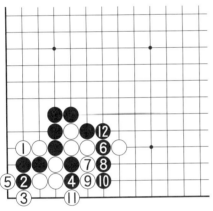

16도

16도(완벽한 외세)

14도 다음 백1로 두점을 잡으면 이번에는 흑2, 4로 활용이 가능하니 6 이하 12까지 외세가 완벽하다.

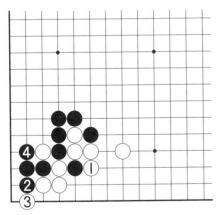

17도

17도(흑, 충분한 타협)

그렇다면 14도 다음 백도 1로 하변을 지키는 것이 무난할 것이다.

그러면 흑2, 4로 한점을 잡아 타협인데 흑이 충분한 결과이다.

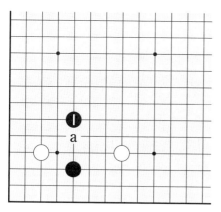

테마

▦ 정석 배우기

장면은 두칸높은협공에 흑1로 두칸
뛰면서 출발했다.

　다음 백이 a로 붙일 경우의 알기
쉬운 정석에 대해 배워보자.

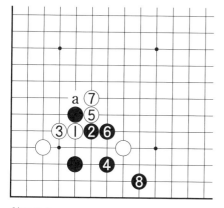

참고도 1

참고도 1(흑이 뛰는 경우)

백1, 3으로 붙여끄는 것이 올바른
수순이다. 이때 흑4로 뛰면 이하 8
까지 기본 정석이다.

　백7은 a로 확실히 잡는 방법도
있다.

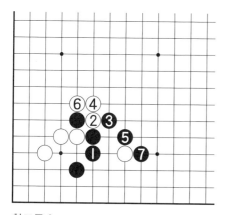

참고도 2

참고도 2(흑이 끄는 경우)

앞 그림의 4 대신 흑1로 끄는 수단
도 있다.

　그러면 백2로 끊은 후 7까지 서
로 한점을 잡으며 타협하는 정석이
이루어진다.

5형 두칸높은협공에서 붙이고 끊다

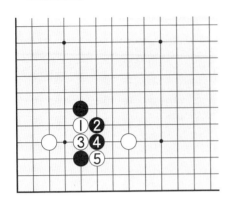

장면

■ 두칸높은협공에서 이번에는 백1 이하 5로 귀의 한점을 끊었다.

[4형]에서 붙이고 젖히는 완력으로는 좋은 결과를 얻지 못해 도전의 수위를 낮추었다고 생각하고 흑의 대응법을 알아본다.

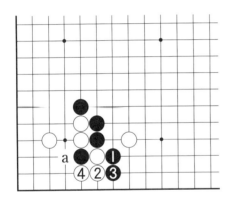

1도

1도(흑, 속수)

우선 흑1, 3으로 막는 것은 속수와 다름없다.

백4 다음 흑은 a로 나갈 수 없으니 바깥 악점만 급해졌을 뿐이다.

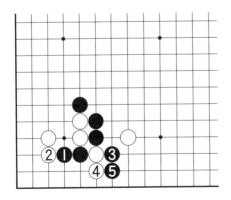

2도

2도(흑, 만족)

백이 끊을 때 흑1로 귀에 들어가면 어떤가.

이때 백2로 막아만 주면 흑3, 5로 두점을 잡고 만족이다.

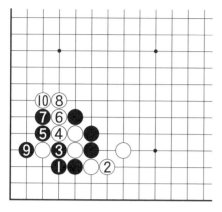

3도

3도(백, 세력이 돋보인다)

흑1에는 백2로 늘어 한점을 살리는 것이 정수이다. 그러면 흑은 9까지 귀의 한점을 잡고 백10으로 막는 흐름인데, 얼핏 흑 실리와 백 세력으로 타협 양상이지만 실은 그렇지 않다.

귀에 맛이 남아 백의 세력이 돋보이는 결과이다. 귀의 맛은 **원포인트 레슨**에서 다룬다.

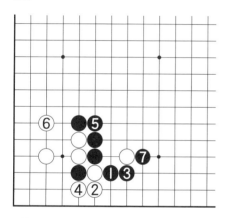

4도

4도(흑, 두터움)

여기는 흑1의 단수 다음 3으로 백 한점을 압박하는 것이 요령이다. 그런 후 백4에 흑5로 중앙 쪽을 잇는 것이 올바른 수순이다.

다음 백6으로 보강하면 흑7로 젖히는 자세가 두텁다.

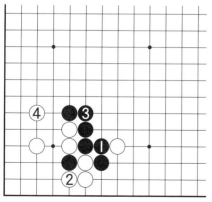

5도

5도(흑 모양이 비효율적)

앞 그림의 2에 흑1의 이음이면 확실하지만 흑3과 백4로 진행되고 나서 보면 흑 모양에 효율이 없고 뒷문도 열려있어 자칫 미생으로 전락할지도 모른다.

이러면 오히려 백의 실리가 돋보인다.

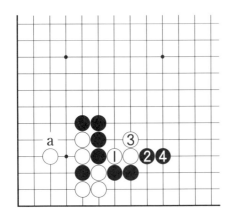

6도

6도(성급한 도발)

4도의 5에 백1의 끊음은 성급한 도발이다.

흑2, 4로 지키고 나면 중앙 백이 미생일 뿐이며 a의 약점도 노출되어 백이 바빠진다.

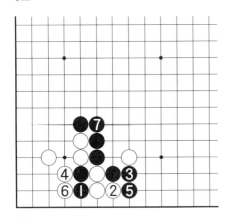

7도

7도(귀에서 막는 변화)

4도의 3 대신 흑1로 귀에서 막는 것도 교묘한 수단이다.

백2로 하나 밀고 4로 잡으면 흑5의 선수 활용이 기분 좋다. 4도와는 일장일단이다.

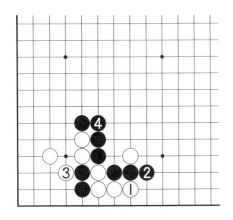

8도

8도(백의 변화)

앞 그림의 3에 백1로 하나 더 밀고 3으로 잡을 수도 있지만 백이 더 좋다고 볼 수 없다.

흑은 2로 나간 만큼 중앙 두터움에 도움이 되기 때문이다.

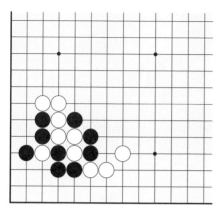

테마1

귀의 뒷맛이란?

장면의 3도를 옮겨왔다. 귀에 뒷맛이 있다고 했는데 그 수순을 살펴보자.

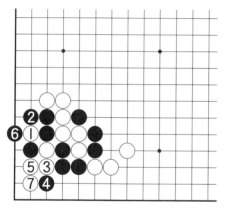

참고도 1

참고도 1(흑, 곤란)

백1의 단수가 맥점이다. 이때 흑2로 나가면 백도 3으로 나가 흑이 어려워진다.

흑4에 백5, 7로 꼬부리면 흑이 곤란한 모습이다.

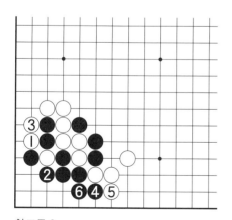

참고도 2

참고도 2(백의 활용)

따라서 백1에 흑2로 잡을 수밖에 없다.

그러면 백3에 흑4, 6으로 살아야 하니 흑이 제법 활용당했다.

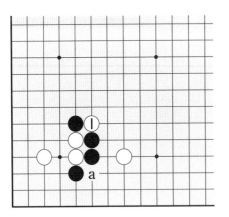

테마2

▦ 위쪽을 끊으면?

장면에서는 백이 a로 끊었지만 만일 1로 위쪽을 끊으면 흑은 어떻게 처리해야 할까?

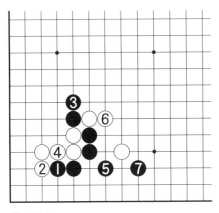

참고도 1

참고도 1(흑, 활발)

흑1, 3으로 각각 늘어 선수한 후 5로 지키는 것이 좋은 수순이다.

　백6으로 한점을 살리면 흑7로 진출해 흑이 활발한 진행이다.

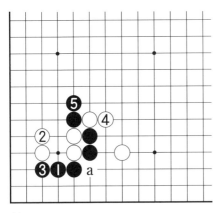

참고도 2

참고도 2(흑, 귀의 실리 선점)

흑1에 백2로 지키면 흑3으로 귀의 실리를 먼저 차지해서 좋다. 백4에는 흑5로 싸운다.

　흑은 a의 약점이 있지만 좌변 백이 우선 급하므로 나중 일이다.

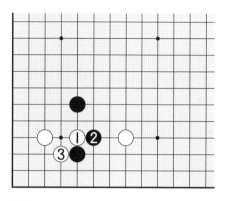

장면

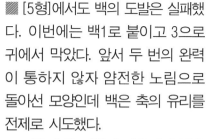

[5형]에서도 백의 도발은 실패했다. 이번에는 백1로 붙이고 3으로 귀에서 막았다. 앞서 두 번의 완력이 통하지 않자 얌전한 노림으로 돌아선 모양인데 백은 축의 유리를 전제로 시도했다.

그럼 흑은 어떻게 대응하면 좋을지 알아본다.

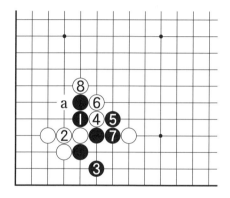

1도

1도(통렬한 끊음)

흑1, 3으로 모양을 갖추는 것은 축을 생각하지 못한 처사이다. 백4의 끊음이 통렬하다. 흑은 축이 불리하므로 5, 7로 나갈 수밖에 없는데 백8의 젖힘이 기분 좋다.

당장 흑이 a로 움직이는 것은 무리하므로~

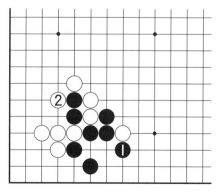

2도

2도(백, 우세)

흑1과 백2로 서로 가일수하며 타협하는 정도이지만 두점을 잡은 백이 우세한 결말이다. 축이 유리한 백의 노림이었다.

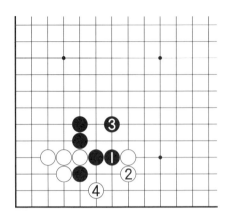

3도

3도(흑, 불만)

일단 흑1의 치받음이 축과 하변 차단을 동시에 처리하는 좋은 방법이다. 그런데 백2에 흑3으로 중앙 모양만 갖추려 하면 백4로 연결해 흑의 불만이다.

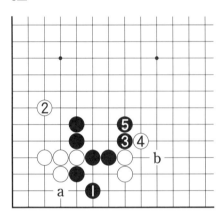

4도

4도(흑, 두터움)

앞 그림의 2에는 일단 흑1로 하변부터 연결을 차단하고 볼 일이다. 백2로 귀를 보강하면 이제 흑3, 5로 중앙 모양을 갖출 수 있다.

백은 a와 b의 맛으로 엷은 모양이니 흑의 두터움이 돋보인다.

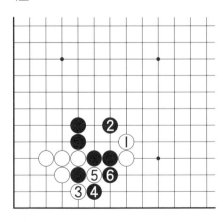

5도

5도(흑의 대처법)

3도의 2 대신 백1로 위로 늘면 흑2로 지키는 것이 요령이다.

백3의 단수에는 흑4, 6으로 대처할 수 있다. 역시 흑의 두터운 흐름이다.

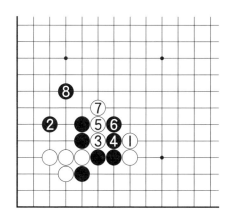

6도

6도(흑, 충분한 싸움)

백1에 흑2로 귀를 압박할 수도 있다. 백3으로 끊으면 흑4, 6으로 나가고 8로 동행한다.

그러면 백도 양쪽이 끊겨 흑이 충분히 싸울 수 있다.

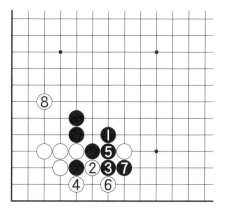

7도

7도(흑, 중복)

처음으로 돌아가, 흑1의 호구 이음은 중앙만 생각한 단편적 행동이다. 백2 이하 6으로 한점을 잡으며 아낌없이 선수한 후 8로 진출하면 백의 실리가 크다.

흑은 두터움으로 상대하려는 뜻이지만 약간 중복된 모양 아닌가.

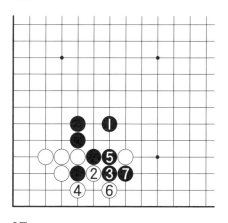

8도

8도(효율적 두터움)

흑이 중앙만을 생각하더라도 흑1의 한칸 지킴이 효율적이다.

백2에는 흑3 이하 7까지, 이러면 효율적 두터움으로 상대할 수 있다. 앞 그림과 비교해보기 바란다.

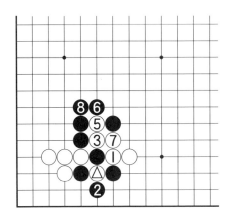

9도

④…△

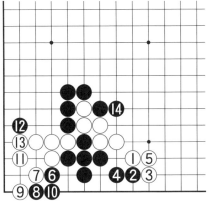

10도

9도(백의 도발)

앞 그림의 3에 백1, 3의 도발은 어떤가.

　이처럼 돌려치면 흑4로 이은 후 8까지 되고 나서~

10도(흑, 우세)

백1로 공격할 때 변에 흑2, 4를 선수한 후 귀에 6 이하 10을 재빨리 선수해 살아둔다.

　다음 흑12는 기분 좋은 활용이고 14의 요소를 늘면 흑이 우세한 흐름이다.

11도(흑, 충분)

8도의 2 대신 백1의 아래 단수가 은근하지만 담담하게 흑2, 4로 나가둔다.

　빈삼각이더라도 이럴 때는 유효한데, 백△를 차단하고 있는 만큼 흑이 충분한 모습이다.

11도

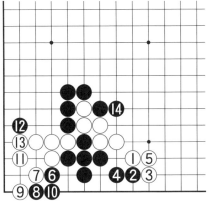

7형 　소목에 치받고 막을 때 무작정 끊어오다

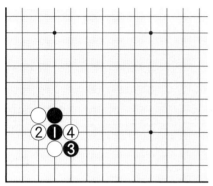

장면

▨ 이 모양은 한칸걸침에 밑붙임 정석 과정인데 흑1, 3으로 치받고 막을 때 백4로 무작정 끊어왔다.

이런 몸싸움에서는 아무리 상대가 무모해도 밀리면 역전이므로 침착한 한방이 필요한데 그와 같은 흑의 대응법을 알아본다. 참고로 축은 흑이 유리하다는 전제를 단다.

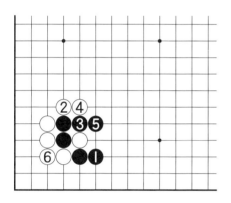

1도

1도(한방 맞은 결과)

몸싸움에 밀려서 흑1로 늘면 백2, 4를 선수한 후 6에 잇는다.

이렇게 정리되고 보니 흑은 눌린 모양이고 백의 실리가 크다. 흑이 한방 맞은 결과이다.

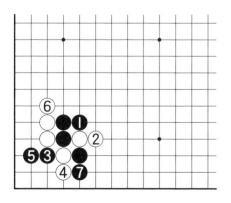

2도

2도(억지로 두점을 잡다)

흑1로 단수치고 3, 5로 귀에 늘면 뭔가 양쪽을 맞보는 느낌이다.

이러면 백6에 흑7로 억지로 귀의 두점을 잡을 수 있지만~

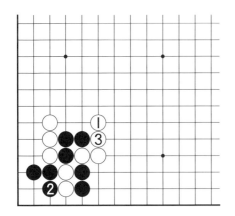

3도

3도(비장의 씌움)

백은 1의 씌움이 숨겨둔 비장의 무기이다.

　다음 흑2로 잡고 백3에 조여 봉쇄하면 중앙 백이 너무 두터운 결과이다.

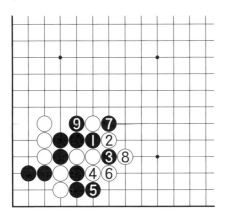

4도

4도(탈출하는 경우)

백이 씌울 때 흑1로 나가면 어떤가. 다음 백2에 막으면 흑3 이하 이리저리 헤치면서 9까지 탈출할 수 있지만~

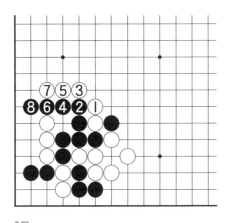

5도

5도(필연 과정)

백1에 나갈 때 흑은 계속해서 2 이하 8까지 빠져나갈 수밖에 없다.

　이런 필연 과정을 거쳐서 결국에는~

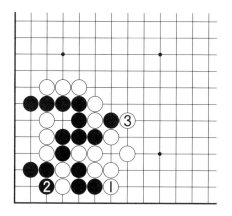

6도

6도(어마어마한 세력)

백1을 결정한 후 3의 단수로 중앙을 손질하면 일단락이다.

그러고 보면 흑의 실리는 20집이 약간 넘는 정도인데, 이에 비해 백의 세력을 집으로 환산하면 어마어마할 것이다.

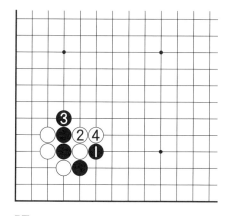

7도

7도(흑의 한방)

처음으로 돌아가, 흑의 한방은 1로 몰고 3으로 느는 수순이다.

그러면 백의 축이 불리하다는 전제 하에 4로 꼬부리는 정도인데~

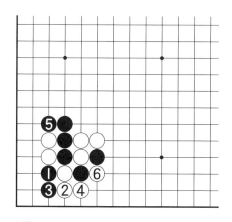

8도

8도(흑, 유리)

다음 흑1, 3을 결정한 후 5로 막는 것이 선수이다.

이처럼 선수로 두점 잡고 귀를 차지했으니 흑이 유리한 결말이다.

위붙임 정석에서 들여다보다

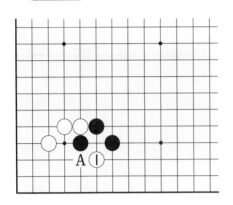

장면

▨ 이 모양은 한칸걸침에 백이 위로 붙여 나온 정석인데 백1로 들여다 본 장면이다.

보통은 A로 붙이는 것이지만 더욱 활용하자는 뜻인데, 이에 대한 흑의 적절한 대응법을 알아본다.

1도

1도(머리를 힘차게 내밀다)

흑1로 귀에서 막으면 백2가 하변에 선수로 작용해 4로 중앙을 향해 머리를 힘차게 내밀 수 있다. 그러면 백이 주도적인 흐름이다.

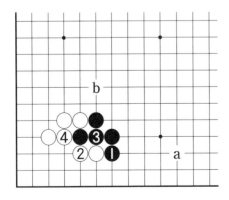

2도

2도(흑, 활용당한 결과)

흑1로 변에서 막으면 이번에는 백2, 4로 귀를 크게 장악한다.

다음 흑이 a로 빌리든 b에 뛰든 활용당한 결과이다.

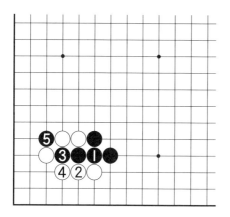

3도

3도(이은 후 변쪽 끊음)

따라서 흑은 1로 잇는 것이 우선이다. 백2, 4로 막을 때가 문제인데 흑5로 변쪽을 끊는 것이 중요한 수순이다.

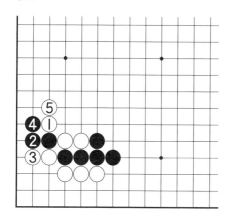

4도

4도(당연한 수순)

계속해서 백1, 3에 몰면 흑4로 꼬부리고 백5로 느는 것은 당연하다.

과연 흑은 다음 어떻게 정리하면 좋을까?

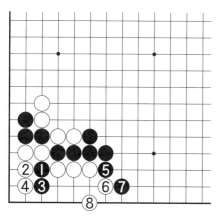

5도

5도(선수 활용)

일단 귀에서 흑1, 3으로 키워서 5, 7로 변을 막는 것은 선수 활용이다.

그리고 나서 이제 좌변을 정리할 차례이다.

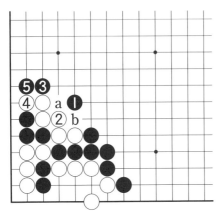

6도

6도(흑, 충분한 외세)

흑1을 활용하고 나서 3의 붙임이 맥점이다. 다음 백4에 흑5로 눌러 간다. 그러면 a와 b가 모두 선수로 흑의 철벽이 형성된다.

흑은 상대 실리를 외세로 충분히 상쇄할 수 있다. 일종의 사석작전이 었다.

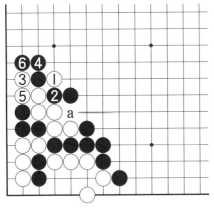

7도

7도(흑, 완벽한 세력)

앞 그림의 3에 백1로 젖혀 도발하면 흑2로 끊어 이상 없다.

이하 6까지 a가 흑의 선수이니 세력이 더욱 완벽하다.

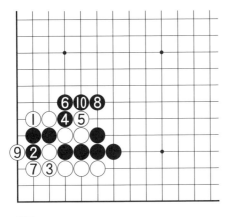

8도

8도(흑, 두터움)

4도의 2에 백1로 변쪽에서 몰면 어떤가. 흑은 2를 선수한 후 4, 6으로 끊어 나간다.

다음 백7로 막는 정도인데 흑은 축이 불리하더라도 8, 10으로 중앙을 봉쇄하면 두터움 만으로도 충분하다.

소목 한칸에서 느닷없는 반대쪽 젖힘

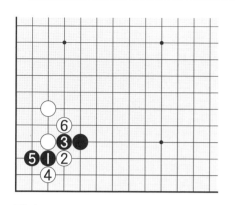

장면

▓ 한칸걸침에 한칸 받은 모양에서 출발한다.

이러면 아주 간단한 정석을 예상하지만, 흑1로 붙일 때 느닷없이 백2로 반대쪽에서 젖히며 6까지 뭔가 수순에 음모가 숨어있다. 그럼 흑의 대응법에 대해 알아본다.

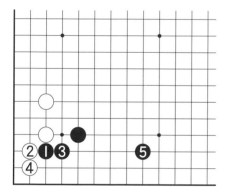

1도

1도(간명한 정석)

흑1에 백2, 4로 귀에서 받고 흑5로 벌리면 간명한 정석이다. 이러면 서로 무난할 것이다.

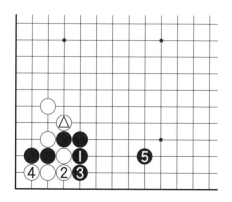

2도

2도(흑, 불만)

흑1, 3으로 막고 5로 벌리면 서로 싸움 없이 아주 간단하다.

그런데 이 결과는 백△로 호구친 자세가 활발해서 흑의 불만이다.

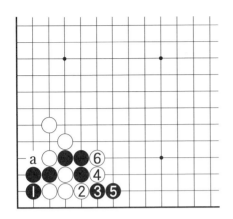

3도

3도(흑, 축이 유리한 경우)

흑은 축이 유리하면 아주 간단히 해결할 수 있다. 흑1, 3으로 넉점을 잡으면 된다.

축이란 백4, 6을 말하며, 이전에 흑이 a의 단수를 결정하면 상황은 역전인데~

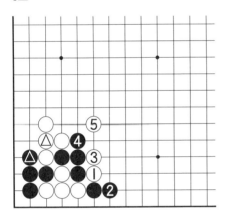

4도

4도(장문 성립)

미리 흑▲와 백△를 교환하면 이번에는 백이 축은 불리해도 1, 3으로 몰아간 다음 5의 장문이 성립한다.

따라서 수순 하나 차이가 천당과 지옥을 오간다.

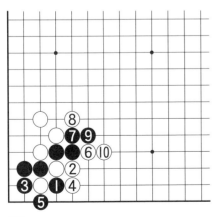

5도

5도(흑, 불리)

흑1, 3으로 한점을 잡으면 어떨까. 일단 귀에서 살아놓고 처리하자는 뜻인데 방법에 문제가 있다.

그러면 백4 이하 10까지 중앙 흑이 일방적으로 몰려 흑은 축이 유리해도 불리하다.

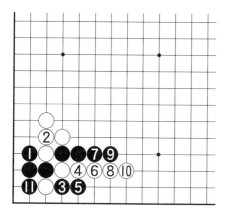

6도

6도(먼저 살고 뒤에 처리하는 방법)

흑1 이하 5까지 선수하고 7, 9로 위에서 밀어간 후 11로 귀의 한점을 잡는 수순이면 앞 그림보다 낫다. 이 진행이면 먼저 살고 뒤에 처리한다는 취지를 어느 정도 살릴 수 있다.

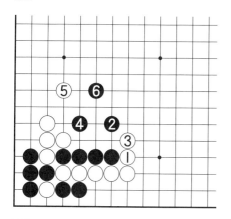

7도

7도(중앙 전투)

다음 백1로 요처를 꼬부린 후 6까지의 중앙 전투가 예상된다. 이런 식이면 백이 약간 두터운 가운데 서로 타협하며 싸울 수 있다.

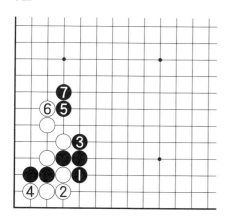

8도

8도(흑, 두터움으로 대항)

흑은 축이 불리한 경우 그래도 중앙을 중시하고 싶다면 1, 3으로 밀어갈 수 있다.

다음 백4의 가일수가 필요한데 흑5, 7로 씌워 가면 두터움으로 대항할 수 있다.

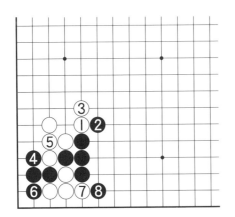

9도

9도(백, 무모)

앞 그림의 3에 백1, 3은 중앙까지 압도하려는 뜻이지만 지나친 행동이다.

　흑4 이하 8까지 이제 축과 관계없이 백 넉점이 잡혔다.

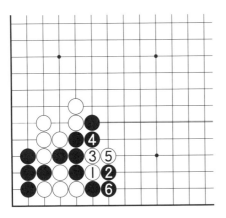

10도

10도(백, 소용없다)

이제 와서 백1로 끊어도 소용없다. 흑2 이하 6이면 백의 죽음을 확인하며 손해만 커질 뿐이다.

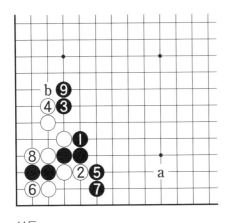

11도

11도(묘미)

8도의 1을 생략한 채 담백하게 흑1로 밀어만 가도 묘미가 있다. 백2로 나오면 흑3에 씌운 후 5로 젖힌다.

　백6에 보강할 때 흑7을 활용한 후 9로 진출하는데 8도와 형제지간으로 봐도 되겠다. 이후 흑은 a와 b를 맞보는 흐름이다.

귀의 붙임에 치받고 끊다

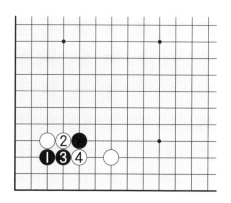

장면

▨ 한칸낮은협공에서 흑1로 붙일 때 백2, 4로 치받고 끊었다. 일반 정석에서 벗어나 기교를 부린 수단인데 그렇다고 크게 반격을 받지도 않는다.

이런 점이 변칙의 묘미이기도 한데 흑의 대응법에 대해 알아본다.

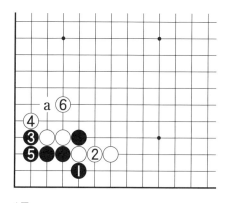

1도

1도(흑, 곤란)

처음부처 흑1 이하 5로 귀살이 하며 싸움을 기피하면 곤란하다.

다음 백은 6이나 a로 보강할 테지만 너무 두텁지 않은가.

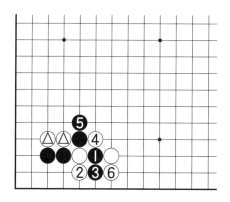

2도

2도(백의 함정)

흑1, 3으로 무작정 막는 것은 백4, 6으로 두점이 잡히니 이거야말로 백의 함정이다.

그렇다고 백△ 두점을 흑은 확실히 제압할 수도 없다.

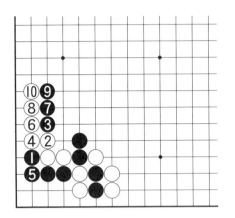

3도

3도(흑, 위험)

가령 흑1, 3으로 맥점을 구사하며 공격해도 백4 이하 10으로 밀어가면 귀의 흑이 위험하다.

　백은 귀와 변, 어느 쪽이든 맞보기로 해서 크게 우위에 설 수 있다.

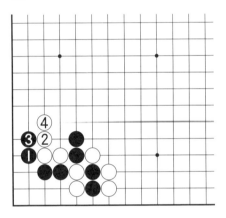

4도

4도(흑의 실패)

2도 다음 흑1, 3으로 밀어도 백4 다음 흑도 귀와 중앙이 엷어서 좌변 백을 공격하기가 쉽지 않다.

　아무튼 이런 식으로는 흑의 실패가 역력하다.

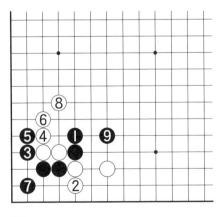

5도

5도(전투 양상)

처음으로 돌아가, 흑이 담백하게 두자면 1의 뻗음이 일책이다. 백2로 하변을 중시하면 흑3, 5로 밀고 7로 귀를 살아둔다.

　다음 백8에 흑9로 전투 양상인데 백도 진영이 강하지 않아 흑이 충분히 싸울 수 있다.

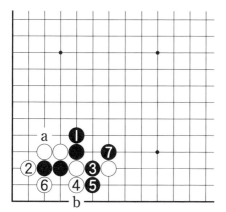

6도

6도(바꿔치기 양상)

흑1에 백도 전투를 피하려면 2의 젖힘이 일책이다. 그러면 흑3, 5로 관통하고 7로 자세를 갖춰 귀와 변의 바꿔치기 양상이다.

이후 흑은 상황에 따라 a나 b를 선택할 수 있는데, 이 진행은 백도 선수이므로 견딜 수 있다.

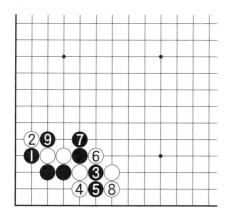

7도

7도(흑, 우세)

다시 돌아가서 흑1의 젖힘이 가장 묘미가 있다. 이때 백2로 따라 막으면 이제 흑3, 5로 관통한다.

그러면 9까지 바꿔치기가 되지만 귀를 토대로 좌변을 확실히 제압한 흑이 우세한 결과이다.

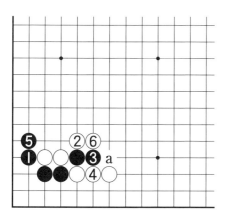

8도

8도(백, 축이 유리한 경우)

흑1에 백의 적절한 응수는 대략 두 가지인데 축이 유리하면 2, 4가 유력하다.

흑5로 나오면 백6의 단수인데 후수이지만 a로 따냈을 때를 상정하면 백도 상당히 두텁다.

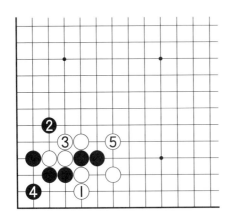

9도

9도(백, 축이 불리한 경우)

앞 그림의 3에 축이 불리하면 백1로 내려서는 것이 요령이다.

다음 흑은 2, 4로 모양을 갖추고 백은 5로 두점을 잡아서 타협한다.

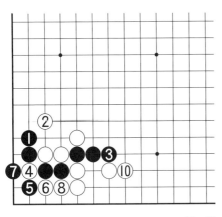

10도　

10도(요령)

앞 그림의 2 대신 흑1로 늘면 어떤가. 백2로 받을 때 흑3으로 살리겠다는 뜻인데 다음 백은 4로 끊어 6, 8로 조인 후 10으로 느는 것이 요령이다.

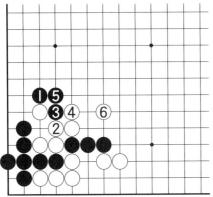

11도

11도(상황에 따른 변화)

다음 흑1의 붙임이 맥점으로 5까지 모양을 갖추지만 백4, 6으로 공격하는 양상이다.

흑도 상황에 따라 둘 수 있지만 구태여 분란을 일으킬 필요는 없을 것이다.

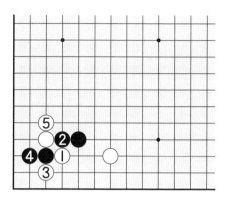

장면

한칸낮은협공에서 이번에는 백 1, 3으로 돌려치며 5로 늘었다. 본격적인 함정 분위기가 짙다.

이럴 경우 흑의 대응법에 대해 알아본다.

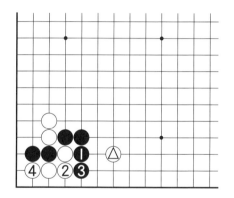

1도

1도(흑, 곤란)
흑1, 3으로 무작정 막는 것은 곤란하다. 백4로 두점 잡고 살면 흑이 한 게 없지 않은가.

정작 하변 흑은 백△가 자연스레 공격하는 모양이다.

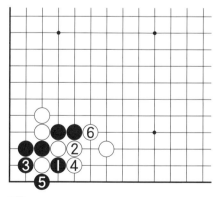

2도

2도(귀살이에 불과)
흑1, 3으로 한점을 잡는 것은 귀살이에 불과하다. 백4, 6으로 두점을 가격하면 흑은 힘도 쓰지 못하고 당한 모습이다.

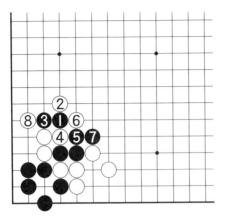

3도

3도(흑, 불리)

흑1로 움직여보지만 백2의 맥점이 기다린다.

흑3에 나가면 백4 이하 8로 두점 이 잡혀 흑이 불리한 싸움이다.

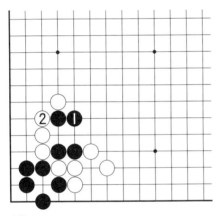

4도

4도(백, 일방적 공격)

그렇다고 앞 그림의 2에 흑1로 올 라서면 백2로 연결한다.

이렇게 되면 흑이 일방적으로 몰 릴 운명이다.

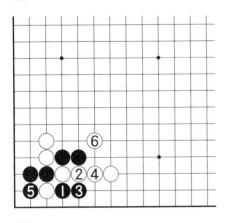

5도

5도(백, 두터움)

흑1, 3으로 몰아놓고 5로 한점을 잡으면 더욱 나쁘다.

백6으로 두점을 잡은 모양이 너 무 두텁지 않은가.

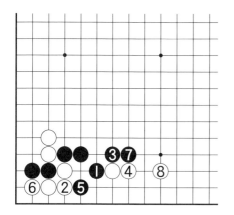

6도

6도(백, 단연 유리)

흑1의 붙임은 약간 생각했다. 다음 백2에 이으면 흑3의 젖힘을 둘 수 있지만 이하 8까지 되면 백이 양쪽을 두기 때문에 단연 유리하다.

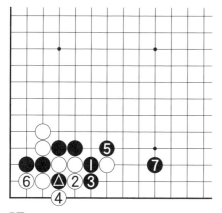

7도

7도(흑의 대응법)

2도와 5도처럼 흑△로 끊는 출발은 좋았다. 다음이 문제였는데 여기는 흑1, 3으로 관통하고 5로 젖히는 것이 정확한 수순이다.

백6에 보강할 때 흑7로 벌리면 흑이 둘 만하다.

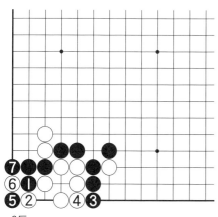

8도

8도(흑의 꽃놀이패)

앞 그림에서 귀를 보강하지 않으면 흑1, 3으로 공략하는 수단이 남는다. 이하 7까지 패. 흑의 꽃놀이패와 다름없다.

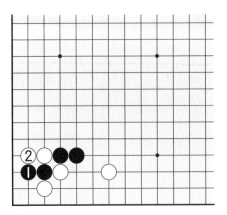

테마

▦ 흑의 대처법

장면 과정에서 흑1에 나갈 때 백2로 막으면 흑이 어떻게 대처할지도 알아보자.

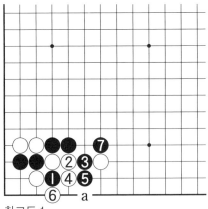

참고도 1

참고도 1(흑, 두터움)

역시 흑1로 끊어 3, 5로 관통한 후 7의 젖힘이 통한다.

그러면 a의 활용도 남아 흑이 두텁다.

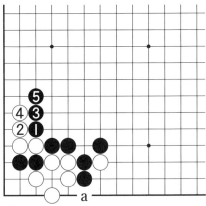

참고도 2

참고도 2(더욱 두터워진다)

또 이곳을 백이 방치하면 흑1 이하 5로 눌러가는 수로 더욱 두터워진다. a의 활용은 여전하다.

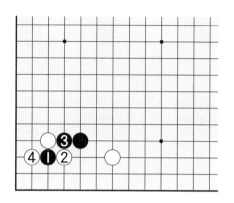

장면

▨ 한칸낮은협공에서 흑1의 붙임에 이번에는 백2, 4로 좌변의 귀쪽에서 단수쳤다. 뭔가 은근한 함정 분위기가 짙다.

이럴 경우 흑의 대응법에 대해 알아본다.

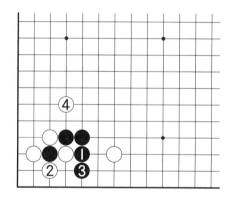

1도

1도(곤마로 전락)

처음부터 흑1, 3으로 한점을 주면서 변을 차단하는 것은 성급한 행동이다.

백4로 리듬을 타면 흑이 자칫 곤마로 전락한다.

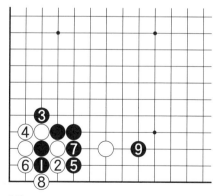

2도

2도(백, 대세에 밀리다)

일단 흑1로 키워야 하고 다음이 중요하다.

이때 백2로 막으면 흑3 이하 7을 모두 활용하고 9로 협공하는 흐름이 좋다. 백은 두점 잡고 대세에 밀리는 모습이다.

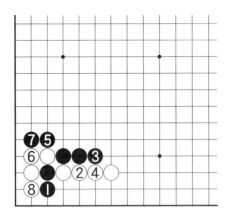

3도

3도(흑, 손해)

따라서 흑1에는 백도 2에 밀어 가는데, 이때 흑3으로 늘면 백4의 이음이 단단해서 흑의 손해이다.

　이하 8까지 상정하면 약점 없는 백의 실리가 크다.

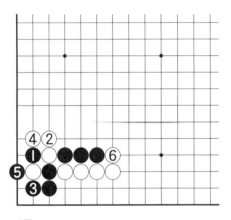

4도

4도(백, 두터움)

앞 그림의 4에 흑1, 3으로 귀의 한 점을 잡아도 백4 다음 6의 꼬부림이 두텁다.

　이 전투는 아무래도 흑이 시달릴 공산이 크다.

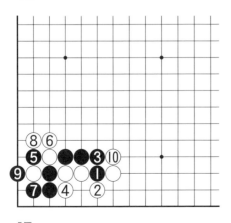

5도

5도(상황이 다르다)

3도의 2에 흑도 1의 끼움이 급소였다. 그러면 백2, 4에 역시 흑5, 7로 한점을 잡아도 앞 그림과는 상황이 다르다.

　다음 백8, 10의 수순으로 밀어 올릴 테지만~

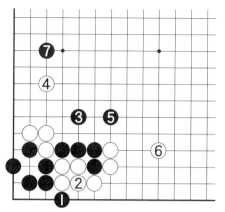

6도

6도(흑, 충분한 싸움)

흑1, 3으로 움직이면 백4의 벌림도 당연하다. 다음 흑5로 모양을 잡을 때 하변이 엷은 백은 6 정도로 지켜야 하는데, 흑7로 공격하는 흐름이면 서로 곤마이지만 흑이 충분한 싸움이다.

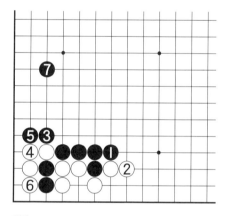

7도

7도(정석으로 환원)

흑이 중앙 싸움을 피하자면 1로 밀어두고 3, 5로 막은 후 7의 벌림도 생각할 수 있다. 그러면 정석과 다름없다.

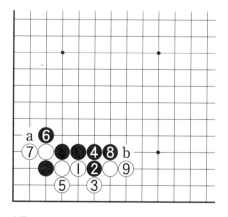

8도

8도(일반적 정석 진행)

장면에서 4의 단수는 원래 백1로 밀어가는 것이 일반적 정석 진행이다. 흑2로 끼우면 백3, 5로 지키는 것이 요령이고 이하 9까지 필연이다. 다음 흑은 앞 그림처럼 a에 막거나 b로 밀어 세력 위주로 운영할 수도 있다.

115

13형 눈목자씌움에 밭전자 유인구

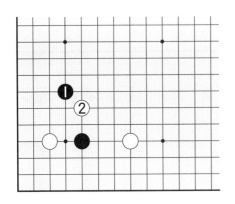

장면

▨ 두칸높은협공을 배경으로 흑1의 눈목자씌움은 많이 쓰는 수단이다. 이때 백2의 밭전자 모양으로 중앙을 갈랐는데 야구라면 유인구라 봐도 좋을 것이다.

이럴 경우 흑의 대응법에 대해 알아본다.

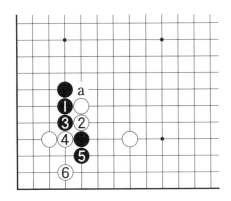

1도

1도(흑, 곤란)

흑1, 3으로 무작정 막는 것은 백4에 끊겨 흑이 곤란하다.

흑5에 백6으로 귀를 지키고 나면 a도 백의 선수인 만큼 하변 흑이 운신하기 어렵다. 흑이 바로 유인구에 걸려들었다.

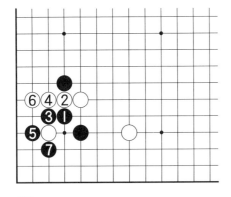

2도

2도(흑, 약간 미흡)

흑도 1로 상대의 밭전자를 가르고 싶다. 상대의 모양을 역으로 이용하는 것이다. 그러면 백2, 4로 관통할 텐데 여기서 흑이 간명하게 두자면 5, 7로 귀의 한점을 잡는다.

다만 6으로 내려선 좌변 백이 두터워 흑이 약간 미흡하다.

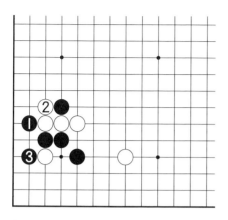

3도

3도(백, 미흡)

앞 그림의 4에 흑1의 젖힘이 최선
이다. 이때 백2로 나가고 흑3에 젖
히면 단단한 귀의 실리가 크다.

좌변 뒷문도 열린 만큼 이 진행
은 백이 미흡하다.

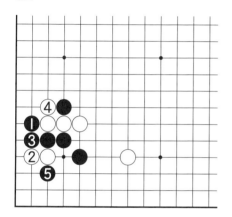

4도

4도(정교한 수순)

흑1에는 백2로 들여다본 후 4로 나
가는 것이 정교한 수순이다. 그러면
흑5로 붙여 귀를 공격하는데~

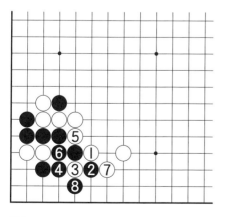

5도

5도(정석)

백은 1, 3으로 끊는 것이 여기를 정
리하는 맥이다.

그러면 이하 8까지 흑 실리와 백
세력으로 갈리는 정석이지만 약간
이라도 흑의 실리에 점수가 실린다.

117

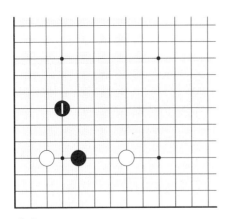

테마

⊞ 정석 배우기

두칸높은협공에서 흑1로 씌울 때 가장 기본이 되는 정석에 대해 알아두자.

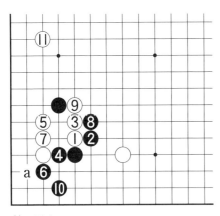

참고도 1

참고도 1(정석 수순)

백1로 붙인 후 11까지의 정석 수순을 기억해두자. 백11로는 상황에 따라 달리 둘 수도 있을 것이다.

수순 중 흑10으로 축이 유리하면 a에 내려설 수도 있는데 이후가 좀 복잡하다.

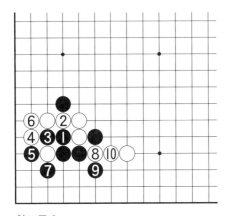

참고도 2

참고도 2(흑의 실리작전)

앞 그림의 5에 흑1, 3으로 나가는 수도 종종 쓰인다. 그러면 백4, 6으로 젖혀이은 후 8로 끊는 것이 보통인데 다음 흑9와 백10으로 일단 락된다.

백도 두텁지만 흑도 선수 귀의 실리로 충분히 대항할 수 있다는 계산이다.

두칸걸침에 더욱 고압적인 위붙임

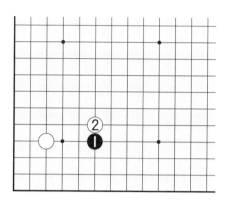

장면

▨ 흑1의 두칸걸침도 고압적인 분위기가 나지만 백2의 위붙임은 더욱 고압적이다.

이럴 경우 흑의 대응법에 대해 알아본다.

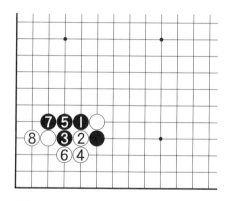

1도

1도(흑, 불리)

흑1로 안쪽 젖힘이면 백2로 맞끊어 흑은 세가 약한 만큼 불리하다.

흑3의 단수 이하 아무리 해도 8까지 백이 귀를 지키고 나면 양쪽이 끊긴 흑이 좋을 리 없다.

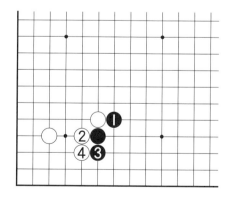

2도

2도(백, 만족)

흑1로 바깥쪽에 젖혀도 백2의 되젖힘이 힘차다.

다음 흑3과 백4가 교환되면 백이 두점머리를 두드린 모양이라 만족이다.

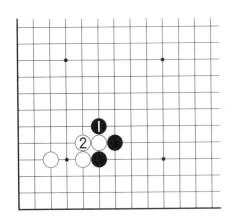

3도

3도(흑, 곤란)

그렇다고 앞 그림의 2에 흑1로 단수치면 백2에 잇는 순간 백이 견고해져서 흑의 다음 응수가 곤란하다.

흑은 위아래 모두 끊기는 약점이 생겨 모양이 너무 나쁘다. 흑1의 단수는 대악수였다.

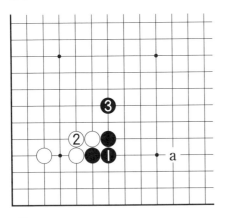

4도

4도(백, 견고)

여기서는 흑1로 잇는 편이 나을 테지만 백2로 이으면 흑3이 중앙 요처라도 백이 a 방향으로 다가서면 흑의 두터움도 별 게 없다.

이에 비해 귀의 백 모양은 얼마나 견고한가.

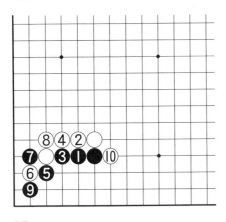

5도

5도(흑, 불만)

처음으로 돌아가, 흑1 이하 5로 귀에 파고드는 것은 단조롭다. 백6에 젖힌 후 10까지 되면 중앙 백의 두터움이 상당해 흑의 불만이다.

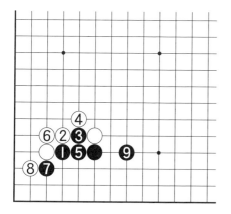

6도

6도(흑의 대응법)

여기는 흑1로 귀에 헤딩해서 3, 5로 끼워잇는 것이 좋은 수순이다. 이래야 백의 외곽에 단점이 생겨 이를 이용할 수 있다.

다음 백6에 이으면 흑7, 9로 변에 진출하고 나서~

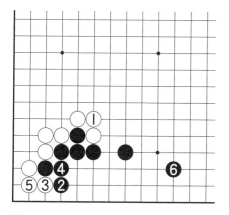

7도

7도(흑, 충분)

백1로 확실하게 이으면 흑2, 4로 귀를 정리한 후 6에 벌린다.

그러면 백이 귀 부근을 차지해도 실리와 두터움이 그렇게 크지 않아 흑의 하변 모양으로 충분히 감당할 수 있다.

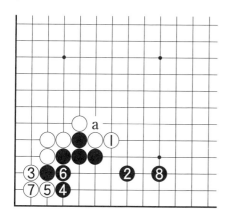

8도

8도(일장일단)

6도의 5에 백1로 늘어 중앙을 중시하면 일단 흑2로 받는다. 다음 백3 이하 7까지 귀가 정리되고 나면 흑은 8의 한칸으로 지키는 것이 요령이다. 하변 흑이 약간 위축된 모양이라도 백도 중앙에 a의 단점이 남아 앞 그림과는 일장일단이며 흑이 충분하다.

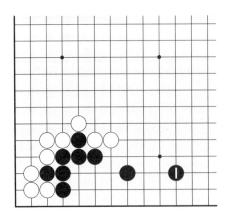

테마

⊞ 두칸벌림의 문제

장면의 8도를 소환했다. 바둑은 효율이 중요한데 흑1의 두칸벌림이 더 낫지 않을까?

이러면 무엇이 문제인지 생각해 보자.

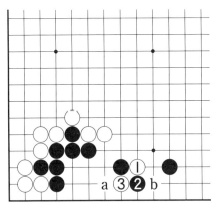

참고도 1

참고도 1(백의 도발)

차후 백1로 붙여 도발하는 맛이 있다. 흑2로 아래에서 젖히면 백3에 맞끊어 a와 b가 맞보기가 되니 흑이 골치 아프다. 허번 흑이 엷어진 탓이다.

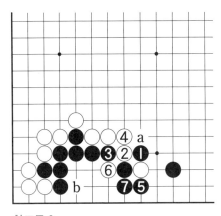

참고도 2

참고도 2(활용하는 맛)

백의 도발에 흑1로 위에서 젖히면 역시 백2로 맞끊는다.

다음 흑3 이하 7까지 되고 나면 변쪽 백a의 활용이 있고 귀쪽 b의 맛도 고약해 흑이 남는 게 없다.

3

기본적
변칙 수법
(고목·외목 편)

1형   고목에서 맹랑한 2선 협공

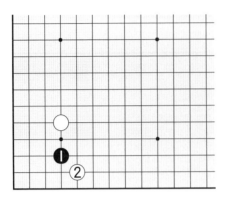

장면

■ 고목에서 흑1의 한칸걸침 때 백 2의 저공 2선으로 협공한 장면이다. 아예 근거부터 뿌리째 공략하겠다는 맹랑한 도발인데 이에 맞서는 흑의 대응법을 알아본다.

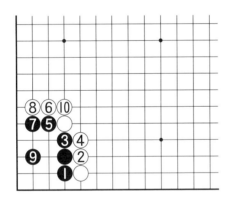

1도

1도(귀살이에 불과)

흑1로 당장 막으면 굴복이다. 그러면 백2 이하 10까지 순식간에 바깥이 봉쇄되는데, 흑은 귀살이에 불과할 뿐 백의 함성에 제대로 설려들었다.

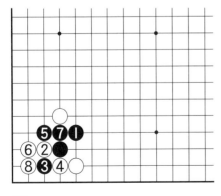

2도

2도(흑, 우형)

어쨌든 흑은 바깥으로 나가야 하는데 1의 마늘모 진출은 어떤가.

그러면 백2의 붙임이 기다린다. 흑3에 젖히면 백4로 끊어버릴 테고 대략 8까지의 진행인데 중앙 흑 모양이 영락없이 우형이다.

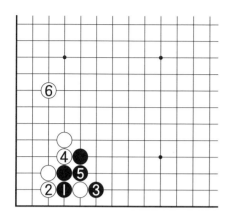

3도

3도(백, 충분)

앞 그림의 2에 흑1로 물러서면 백2의 막음이 기분 좋다.

이후 흑이 한점을 잡는 동안 백은 6까지 좌변에 넓은 진영을 갖춰 충분하다. 흑은 투자에 비해 볼품없지 않은가.

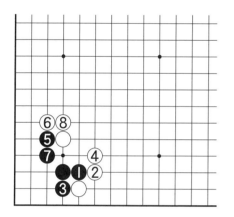

4도

4도(흑, 수세적)

따라서 나가더라도 흑1로 미는 것이 정수인데 백2에 다시 흑3에 막는 것은 수세적이다.

이하 8까지 흑이 귀에 봉쇄되면 1도보다야 집도 많고 숨통이 트이지만 역시 당한 결과이다.

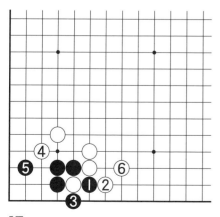

5도

5도(백, 활발)

앞 그림의 수순 중 좌변에 틀어막히지 않으려고 흑1, 3으로 한점을 잡아도 백4의 활용 후 6의 지킴이면 백이 활발한 흐름이다.

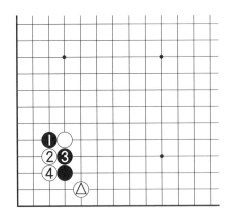

6도

6도(백의 반발)

처음으로 돌아가, 흑1의 붙임은 뒤를 돌아보지 않은 진격 수단이다.

백2, 4로 반발하면 △가 대기한 만큼 흑은 좋은 결과가 없다.

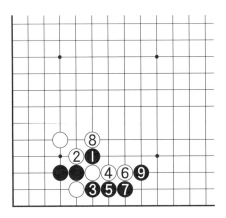

7도

7도(흑, 충분)

4도의 2에 흑1의 젖힘으로 대처할 수 있다. 기세 상 백2의 끊음인데 흑3 이하 7로 밀어가서 좋다.

백8로 한점을 제압하면 흑은 9의 젖힘이 힘차서 충분하다.

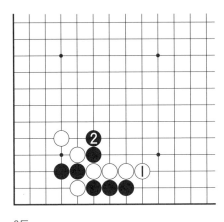

8도

8도(흑, 편한 싸움)

앞 그림의 7에 백1로 늘면 흑도 2에 늘어 충분히 싸울 수 있다.

아무래도 귀에 우위를 가지고 싸우는 흑이 편하지 않겠는가.

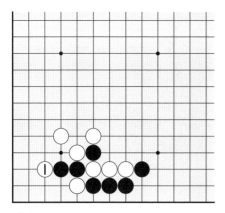

테마

▦ 귀의 급소를 붙이면?

장면의 7도를 소환했다. 여기서 백 1로 귀의 급소를 붙이면 흑은 어떻게 처리하면 좋을지 알아보자.

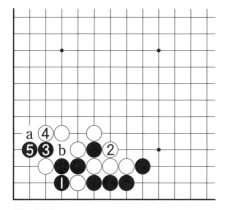

참고도 1

참고도 1(참는 것이 효율적)

일단 흑1로 참는 것이 좋다. 다음 백2로 따내는 것이 후환이 없는데 이때 흑3, 5로 귀를 장악한다.

한 가지 팁인데 계속 백이 a로 막으면 흑이 손을 빼도 상관없다. 또 백b로 끊으면 두점이 잡히지만, 흑이 선수 활용이라 생각하면 오히려 이득이다.

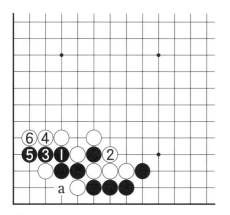

참고도 2

참고도 2(백, 선수)

흑1로 나가는 것은 자연스레 백2로 따내면서 6까지 변을 두텁게 막을 수 있다.

선수라는 점이 백의 자랑인데, 흑이 손을 빼면 백a로 귀에서 패가 남을 확인하기 바란다.

2형 ~~ 고목에서의 장문 한방

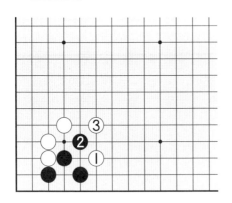

장면

■ 고목에서의 정석 과정인데 갑자기 백1로 짚어 흑2로 나오자 백3에 장문 씌운 장면이다.

어딘지 노림 한방을 감추고 있는 듯한데 이에 대한 흑의 대응법을 알아본다.

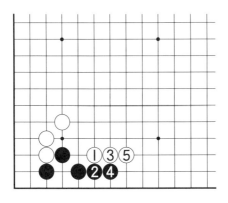

1도

1도(흑, 속수)

우선 백1로 짚을 때 흑2, 4로 밀어가는 것은 속수이다.

백은 5까지 하자는 대로 늘기만 해도 두텁다.

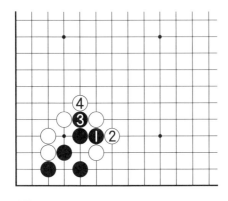

2도

2도(우선 약점을 나간다)

일단 흑1, 3으로 약점을 째고 나가는 것이 우선이다. 다음 흑의 선택이 중요한데~

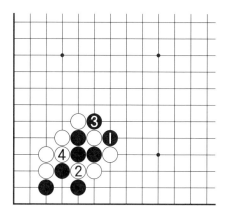

3도

3도(흑, 망하는 길)

흑1로 중앙을 끊으면 스스로 망하는 길이다.

백2, 4로 쭉 들어가면 양단수로 흑의 손실이 엄청나다. 백의 노림 한방이었다.

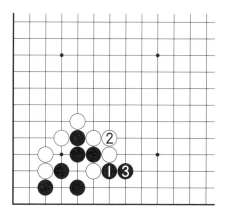

4도

4도(흑, 변으로 진출)

2도 다음 변에서 흑1의 끊음이 함정을 벗어나는 길이다. 그러면 백2에 흑3으로 한점을 품으며 변으로 진출해 충분하다.

백은 여기저기 흠집이 있어 완전한 모양이 아니다.

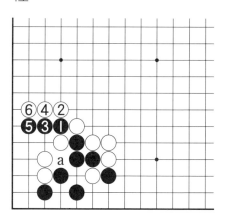

5도

5도(흑, 성급)

백의 약점이라고 해도 흑1로 당장 끊으면 성급하다.

백2 이하 6으로 막으면 a가 선수인 만큼 흑이 잡힌 모습이다.

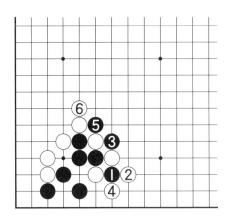

6도

6도(백도 그럭저럭 버틴다)

흑1에 끊을 때 백도 2의 단수를 생각할 수 있다. 흑3, 5로 한점을 따낼 테지만 백6으로 늘어 버틴다.

물론 흑이 두텁지만 백도 하변에 한점을 따내며 좌변도 모양이 잡혀 그럭저럭 둘 수 있다.

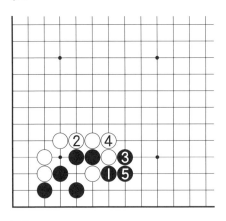

7도

7도(흑 모양이 단단하다)

따라서 2도의 2에 흑은 1부터 끊는 것이 나을지 모른다.

다음 백2로 막고 흑3, 5로 수순을 밟으면 변에 진출한 흑 모양이 단단하다.

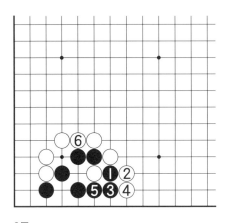

8도

8도(백, 두터움)

흑1로 먼저 끊었는데도 백2의 단수면 어떤가.

물론 흑3, 5로 물러서면 백은 6까지 틀어막아 매우 두텁다.

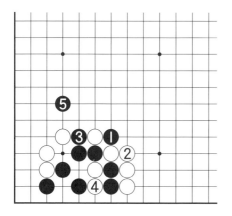

9도

9도(흑, 주도적 흐름)

앞 그림의 4에 흑1, 3으로 중앙을 관통하는 것이 좋은 전환이다.

내친김에 백4로 두점을 잡으면 흑5의 날일자로 압박하는 것이 요령인데 흑이 주도하는 흐름이다.

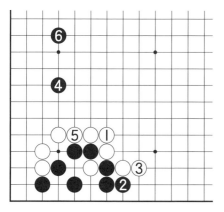

10도

10도(흑, 충분)

8도의 3에 백1로 중앙을 지키면 어떤가. 그러면 흑은 2로 하나 꼬부린 후 좌변을 견제하는 차원에서 4, 6 정도로 두면 충분하다.

이 과정에서 백은 모양에 약점이 있으니 섣불리 공격으로 전환할 수도 없다.

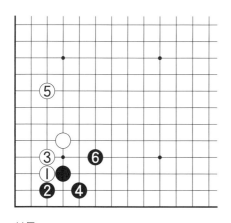

11도

11도(기본 정석)

장면은 원래 백1, 3에 붙여 늘고 흑4의 호구 지킴으로 발단했다.

다음 백5에 벌리고 흑6으로 모양을 갖추면 기본 정석이다.

131

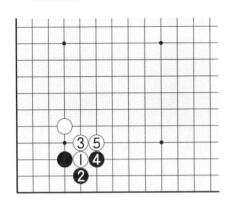

장면

▓ 고목에서 백1로 변으로 붙이면 흑2, 4도 정석 과정인데 백5는 무슨 뜻일까?

위에서 누른 만큼 세력 전법이긴 한데 노림도 있을 듯하다. 그럼 흑의 대응법에 대해 알아본다.

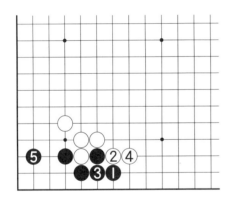

1도

1도(흑, 눌림)

흑1의 호구로 지키는 것은 백2, 4로 눌려서 나쁘다.

흑5로 귀의 지킴이 필요할 테니 이제야밀로 백의 세력작전이 살아나는 흐름이다.

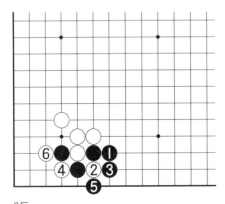

2도

2도(흑, 중복)

따라서 일단 흑1로 늘어야 한다. 백2로 끊을 때가 문제인데 흑3에 한점을 잡으면 흑의 손해이다.

백4, 6으로 귀의 한점을 잡고 나서 보면 흑의 중복된 모양 아닌가.

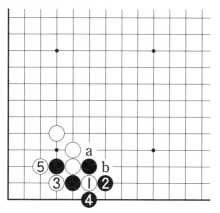

3도

3도(기본 정석)

원래 이 모양에서 백1로 끊은 후 5 까지면 제대로 된 정석이다. 그런데 앞 그림은 백a와 흑b가 교환된 결과이니 흑이 좋을 리 없다.

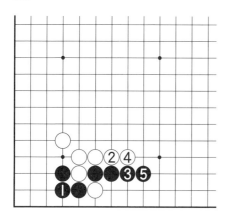

4도

4도(흑, 실리가 크다)

따라서 백의 끊음에는 흑1로 귀쪽에 이어야 정상이다. 다음 백이 계속 2, 4로 누르기만 고집하면 흑은 5까지 늘어만 줘도 귀에서 변으로 이어지는 실리가 크다.

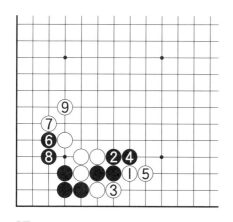

5도

5도(중앙 흑이 시달린다)

하변의 이런 모양에서는 일단 백도 1의 붙임이 맥점이다. 이때 흑2로 중앙에 나가면 백3에 연결해 흑이 곤란하다.

흑은 4로 임시조치 후 6, 8로 귀도 살아야 하는데 백이 9까지 모양을 갖추고 나면 중앙 흑이 꽤 시달릴 흐름이다.

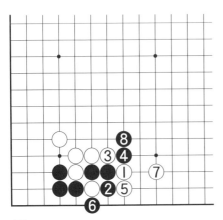

6도

6도(흑, 충분한 싸움)

따라서 백1에는 흑2로 한점을 잡는 것이 순리이다. 다음 백3에 막을 때 흑4로 끊는 것이 정확하다.

그러면 8까지 진행이 예상되지만 실리를 우선 차지한 흑이 충분한 싸움이다.

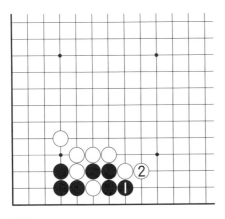

7도

7도(간명책)

앞 그림의 3에 흑이 싸움을 피하고 싶다면 흑1로 하나 밀어둘 수 있다.

비록 소극적이지만 경우에 따른 흑의 간명책이다.

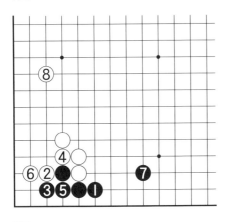

8도

8도(정석)

장면의 과정에서 흑1로 늘어두는 것이 많이 쓰이는 수순이다. 그러면 백2로 붙인 후 8까지 서로 변을 차지하며 타협하는 정석이다.

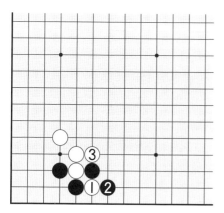

테마

▦ 끊은 후 단수의 경우

장면에서는 그냥 위로 눌렀지만 백 1로 끊은 후 3의 단수도 생각할 수 있다.

그러면 흑은 어떻게 대응해야 할 지 생각해보자.

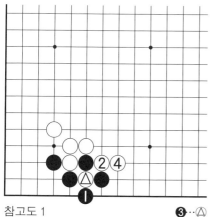

참고도 1   ❸··△

참고도 1(백, 두터움)

일단 흑1의 따냄은 당연한데 백2의 단수에 흑3으로 잇는 것은 백4로 늘어 백이 두터운 흐름이다.

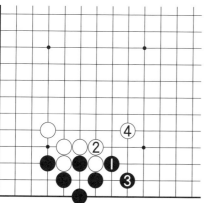

참고도 2

참고도 2(호각)

흑은 잇지 말고 1의 되단수가 묘미 있는 반발이다.

그러면 백2로 가만히 잇는 것이 요령이며, 흑3과 백4로 서로 모양 을 갖춰 호각의 흐름이다.

4형 치받고 끊는 변화에서 도발하다

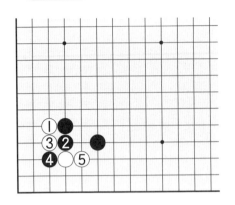

장면

고목 씌움에서 출발한다. 백1의 붙임에 흑2, 4로 치받고 끊는 것은 중앙 모양을 정리하는 상용 수단인데 백5로 늘어나간 것은 분명 도발이다.

이럴 경우 흑의 대응법에 대해 알아본다.

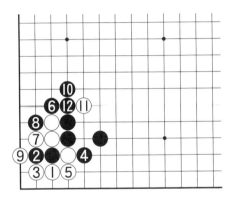

1도

1도(정석)

귀는 원래 장면의 4로 끊으면 백1, 3으로 두점을 잡는 것이 보통이다.

그러면 흑4, 6으로 활용하며 12까지 일단락인데 흑의 세력과 백의 실리로 극명하게 갈리는 정석이다.

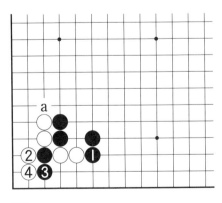

2도

2도(흑, 불만)

하변에서 흑1로 막는 것은 상대의 도발에 편승한 수단이다. 백2, 4로 두점을 잡은 자세가 너무 좋다.

흑은 a로 틀어막을 수 있어야 세력이 완성되는데 그렇지 못하니 불만이다.

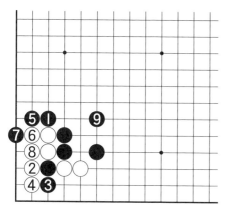

3도

3도(백, 충분)

좌변 흑1의 젖힘을 먼저 두더라도 백2, 4로 두점을 잡으면 충분하다.

흑은 5 이하 9까지 중앙 모양을 갖출 수 있지만 후수이고 하변이 열려 있으니 불만이다.

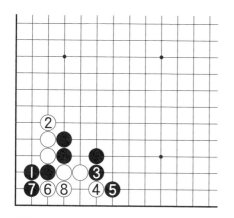

4도

4도(흑, 좌변 쪽에 느는 경우)

흑은 귀에서 먼저 움직이는 것이 좋은데 두 가지 선택이 있다.

흑1로 좌변 쪽에 늘면 백2에 흑3으로 막는 진행이 된다. 다음 백4 이하 8까지 젖혀 잇고 나서~

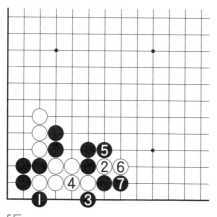

5도

5도(백, 탈출 불가)

흑1로 젖혀 수를 조이는 것은 당연하다.

이때 백2로 바깥 단점을 공략하면 흑3을 선수한 후 5, 7의 수순으로 백의 탈출은 불가하다.

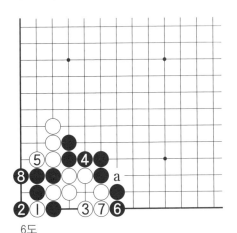

6도

6도(흑, 약간 미흡)

따라서 백은 귀에서 수상전을 강행
해야 한다.

　백은 1, 3으로 수를 줄이며 한
눈 내는 것이 급소이다. 그러면 이
하 8까지 흑의 후수 빅으로 귀결된
다. 이 결과는 a의 단점이 남은 흑
이 약간 미흡하다.

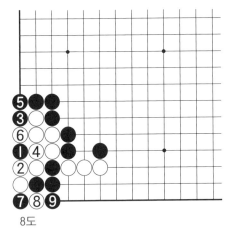

7도

7도(흑의 남은 과제)

그렇다면 남은 과제는 흑1로 하변
쪽에 늘어보는 것이다.

　다음 백2에 흑3, 5로 이단젖힘이
힘차다. 그러면 이하 10까지 필연
인데~

8도(흑의 선패)

여기서 흑1의 치중을 기억해야 한
다. 그러면 백2로 잇고 흑3 이하 9
까지 일사천리로 진행되지만 결국
패 모양이다.

　결론은 먼저 따내는 흑이 성공한
결과이다.

8도

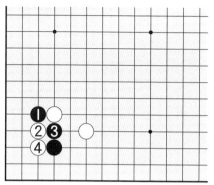

장면

▧ 역시 고목 씌움에서 흑1의 붙임에 이번에는 백2로 안에서 젖혀 4로 밀어간 장면이다.

경우에 따른 일반적 선택인데 군데군데 예기치 않은 변화도 생기므로 불의의 사고가 나지 않도록 유의해야 한다. 그럼 흑의 대응법에 대해 알아본다.

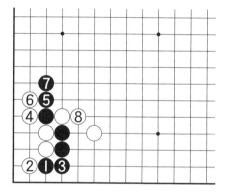

1도

1도(당연한 수순)
우선 흑1, 3의 젖혀이음은 당연하다. 그러면 백은 4, 6으로 밀어간 후 8로 잇게 되는데 이다음이 중요하다.

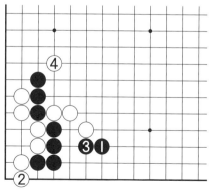

2도

2도(백2, 은근한 강타)
이때 흑1의 진출은 수순 하나를 놓쳤다. 백2로 귀의 내려섬이 양쪽 흑을 노리는 은근한 강타이다.

흑3으로 하변을 지키면 백4로 좌변을 제압해 흑이 한방 맞았다.

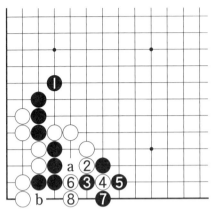

3도

3도(흑, 넉점 잡힘)

흑1로 좌변을 지키면 백2, 4의 끊음으로 하변을 공략한다.

흑5로 한점을 잡을 수밖에 없는데 백6, 8로 차단하면 귀의 흑 넉점이 잡힌다. 다음 흑a는 백b로 그만이다.

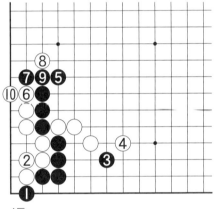

4도

4도(정확한 수순)

1도 다음 흑1을 결정한 후 3의 진출이 정확한 수순이다. 그러면 백4로 씌우는 정도이고 흑5의 마늘모 행마가 좌변의 사활 관계상 10까지 선수이다.

그러고 보니 흑은 일단 좌변 쪽은 해결했다. 다음은 하변인데~

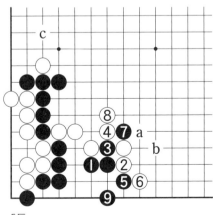

5도

5도(타협)

흑1 이하 7로 끊어놓고 9로 사는 수순을 기억해야 한다.

그러면 백은 축이 유리하면 a의 단수가 두터우며, 축이 불리하면 b로 지켜두는 정도로 타협한다. 다음 흑도 좌변을 지킨다면 c 정도일 것이다.

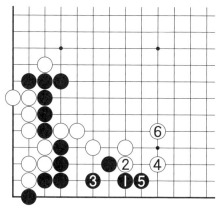

6도

6도(흑, 일책)

흑은 축이 불리할 경우 1의 마늘모 행마도 일책이다.

　그러면 백은 2를 선수한 후 4, 6으로 모양을 갖추는데 서로 타협된 모습이며 정석이나 다름없다.

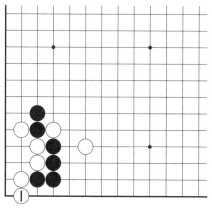

7도

7도(백의 변칙수)

1도의 5에 백은 축이 유리할 경우 백1로 빠지는 변칙수가 있는데 레벨업 레슨에서 다루기로 한다.

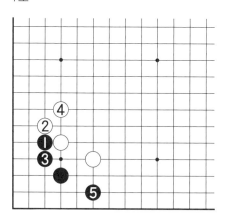

8도

8도(기본 정석)

참고로 고목 씌움에서 흑1의 붙임에 백2, 4로 지키고 흑5의 날일자로 달리면 알기 쉬운 기본 정석에 해당한다.

141

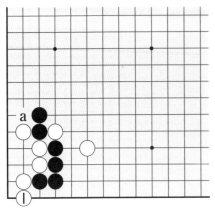

테마

▦ 밀지 않고 귀에 빠지면?

장면의 7도를 가져왔다. 백이 a로
밀지 않고 1로 빠졌는데 내심 노림
이 있을 듯하다.

　장면에서도 비슷한 모양이 있었
지만 이런 경우 흑의 해결책에 대
해 알아보자.

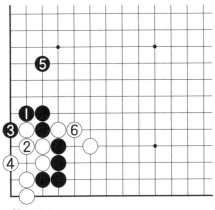

참고도 1

참고도 1(백의 강타)

우선 흑1, 3은 선수 권리이다. 다음
흑5로 그냥 벌리면 백6의 연결이
강타이다.

　이 수는 장면 어디선가 보지 않
았던가.

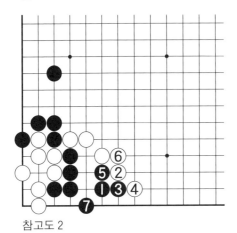

참고도 2

참고도 2(백, 두터움)

그러면 하변 흑은 멀리 진출할 수
없으니 1 이하 7까지 겨우 살 수밖
에 없다.

　그만큼 백의 외곽이 두터워졌으
니 흑이 크게 당한 결과이다.

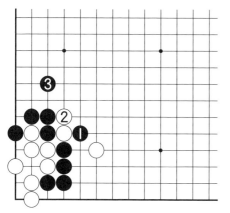

참고도 3

참고도 3(흑의 리듬)

흑은 그냥 벌릴 것이 아니라 1, 3으로 리듬을 타며 알맞게 벌리는 것이 요령이다.

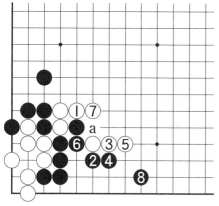

참고도 4

참고도 4(흑, 충분)

다음 백1의 꼬부림에 흑2의 붙임이 맥점이다. 그러면 백3에 물러서는 정도인데 흑4로 밀어둔 후 8까지 처리하면 a의 단점이 남은 만큼 흑이 충분하다.

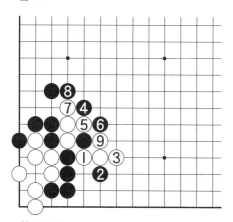

참고도 5

참고도 5(백 모양 파괴)

참고도 3 다음 백1로 끊어도 흑2의 붙임이 맥점이다.

백3에 물러서는 정도인데 흑은 4로 씌운 후 9까지 한점을 사석으로 활용해 백 모양을 무너뜨리는 것이 요령이다.

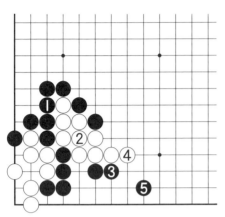

참고도 6

참고도 6(포도송이 모양)

계속해서 흑1의 선수 후 3, 5로 하변에 사는 모양을 갖출 수 있다.

백은 포도송이 모양이 되어 극히 불만이다.

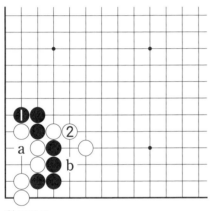

참고도 7

참고도 7(백의 변화)

그렇다면 흑1로 막을 때 백2로 재빨리 연결하면 어떤지 생각해보자.

단순히 흑a로 한점을 잡으면 백b로 흑이 먼저 잡힐 텐데~

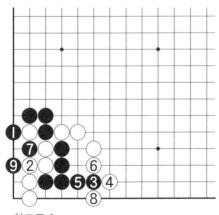

참고도 8

참고도 8(교묘한 단수)

흑1로 아래에서 단수치는 것이 교묘하다. 백2로 이을 때 흑3으로 수를 늘린다.

백4, 6으로 막을 때 흑7, 9로 수를 조여가면 이 수상전은 흑승이다.

고목에서 씌운 후 안쪽 젖힘 편법

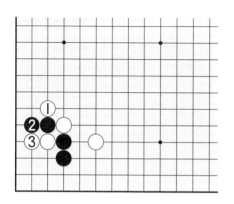

장면

▓▓ [5형]과 같은 배경에서 이번에는 백1, 3으로 몰았는데 이러면 편법에 가깝다.

여기서도 수순은 중요한데 흑의 대응법에 대해 알아본다.

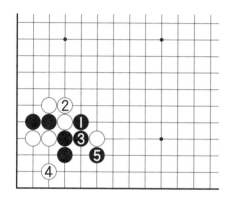

1도

1도(흑, 헛심만 낸다)

흑1, 3으로 중앙 진출부터 하는 것은 자연스레 두점이 잡히며 백4로 귀까지 빼앗긴다. 흑5로 헛심만 낼 뿐이다.

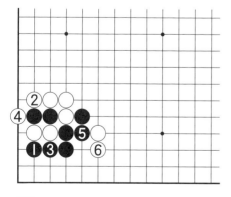

2도

2도(흑, 미생에 불과)

앞 그림의 2에 흑1, 3의 활용이면 귀는 사수하지만 백이 두점을 잡아 두터운 데다 6으로 요처를 내려서면 귀의 흑도 미생에 불과하다.

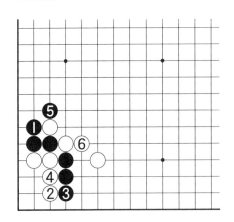

3도

3도(골치 아픈 변화)

일단 흑1로 두점을 살리고 볼 일이다. 백2로 귀에서 움직일 때가 초점인데 흑3에 그냥 막아 귀를 공격하면 백도 4로 이으며 버텨 좀 골치 아프다.

중앙은 흑5와 백6으로 교환되는 정도인데~

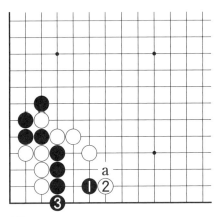

4도

4도(귀와 변을 맞보는 맥)

이때 흑은 1, 3의 맥으로 귀의 공격과 a의 진출을 맞볼 수 있다.

그러면 백이 변으로 흑의 진출을 허용할 수 없으므로~

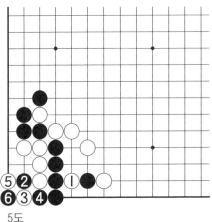

5도

5도(귀의 급소)

백1로 기교를 부리며 변을 통제하면 흑2의 붙임이 귀를 공격하는 급소이다.

그러면 이하 6까지 패가 필연인데 흑이 먼저 따내므로 절대 유리하다.

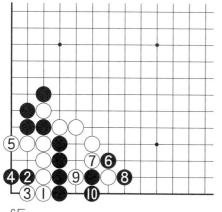

6도

6도(백의 오산)

4도 다음 백1로 귀를 보강하면서 상대의 변 진출을 차단했다고 생각하면 오산이다.

흑은 2, 4로 귀를 공격한 후 6으로 탈출할 수 있다. 백7, 9에는 흑 10이 교묘해 연결이 가능하다.

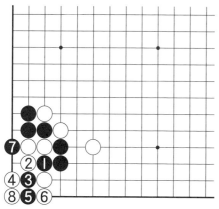

7도

7도(확실한 수단)

3도의 2에 흑은 1, 3으로 나가서 끊는 것이 패와 관계없는 확실한 수단이다. 다음 백4 이하 8까지 되고 나서~

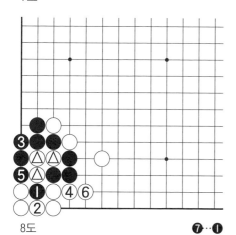

8도　　　　　❼…❶

8도(필연)

흑1로 먹여치고 3이면 백4로 나가고, 흑5의 단수에도 백6으로 나갈 수밖에 없다.

다음 흑7로 백△ 석점을 따내고 나면~

147

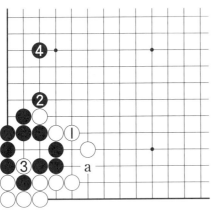

9도

9도(흑 진영이 실속적)

이제 중앙 처리가 문제인데 백은 1로 늘어둔 다음 3으로 따내는 정도이다. 만일 흑이 먼저 3에 잇게 되면 a의 맛이 생기므로 차이가 크다.

이어서 흑4로 벌리면 타협인데 아무래도 흑 진영이 실속적이다.

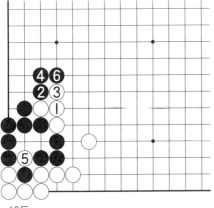

10도

10도(흑, 충분)

8도 다음 백1로 이어도 별반 다르지 않다.

흑2로 젖히면 백3, 5로 두는 정도인데 흑6으로 두텁게 꼬부리면 백 모양이 엷어 흑이 충분한 모습이다.

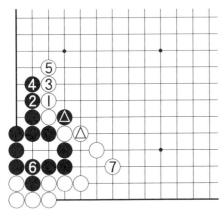

11도

11도(상황 역전)

이 모양에서의 팁인데 흑▲와 백△의 교환을 미리 하면 상황이 역전된다.

그러면 8도의 진행 다음 백1로 나가 흑이 곤란하다. 이하 7까지 흐름일 테니 흑이 겨우 살고 망하는 모습이다.

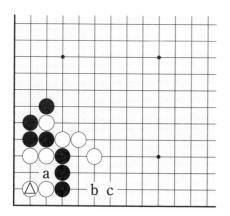

테마

▥ 백이 늦추는 경우

장면 3도의 과정에서 백이 a로 막지 않고 △로 늦췄다.

이러면 흑b에 백c로 막아 수가 부족한 흑이 곤란하다. 흑의 다른 대안을 찾아보자.

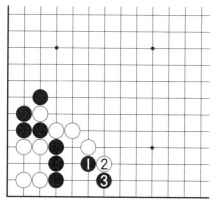

참고도 1

참고도 1(준비된 수단)

이럴 경우에는 흑1로 붙이고 3으로 젖히는 수단이 준비되어 있다. 귀의 공배가 있어 가능한 것인데~

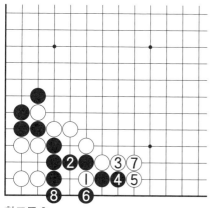

참고도 2

참고도 2(귀의 죽음)

다음 백1로 단수친 후 7까지 필연인데 흑8로 살고 나면 귀의 백은 자동적으로 죽는 모습이다.

외목에서 씌우고 뛸 때 낮선 붙임

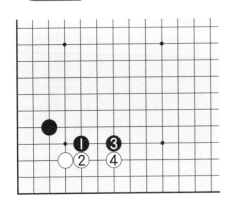

장면

■ 외목에서 흑1로 씌우고 3으로 뛰는 것은 상용 수단인데 백4의 붙임은 낯설다.

그만큼 의도가 있을 테지만, 이에 대한 흑의 대응법을 알아본다.

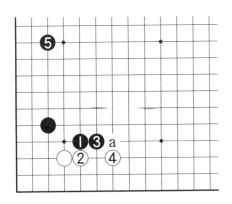

1도

1도(간명한 정석)

우선 외목에서 흑1, 3으로 씌워간 후 5의 벌림이면 가장 간명한 정석이다. 이때 흑이 a의 활용을 아무 이유 없이 미리 결정하면 보통 손해인데~

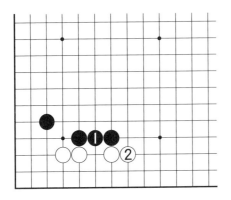

2도

2도(흑, 손해)

장면 다음 흑1로 이으면 백2로 늘어, 1도의 기본 정석에서 하나 더 밀었으니 흑의 손해임이 분명하다.

이 정도는 백의 의도치고는 양념이다.

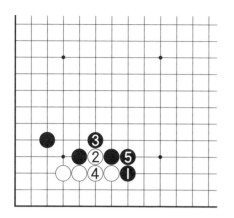

3도

3도(흑, 두터움)

이번에는 흑1로 젖혀보자. 만일 백 2, 4로 끼워 이으면 흑5로 이은 흑 모양이 대단히 두텁다.

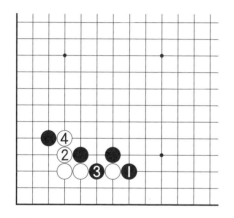

4도

4도(관통)

흑1에는 백2로 나가는 수가 교묘한 전환이다.

내친김에 흑3으로 한점을 제압하 면 백4로 좌변을 관통해 흑의 손해 가 막심하다.

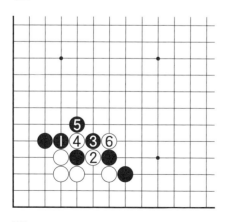

5도

5도(흑의 파탄)

그렇다고 앞 그림의 2에 흑1로 막 으면 백2, 4 다음 6의 양단수로 흑 의 파탄이다. 이러면 흑이 제대로 걸려들었다.

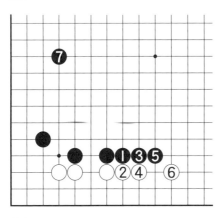

6도(흑의 대응법)

처음으로 돌아가, 흑1로 가만히 느는 것이 백의 도발을 잠재우는 대응이다.

앞 그림처럼 백2 이하 6으로 뚫고 나오면 이제는 흑7로 막아도 걱정 없다. 오히려 흑 모양만 두터워질 뿐이다.

6도

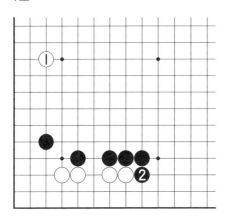

7도(흑, 외세가 좋다)

흑1에 백2 이하 6으로 밀어서 변으로 진출하면 흑7의 벌림으로 흑의 외세가 너무 좋다.

7도

8도(두터운 막음)

앞 그림의 과정에서 백이 하나만 밀고 1로 좌변의 벌림을 방해하면 흑2의 막음이 역시 두텁다.

8도

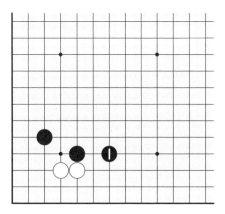

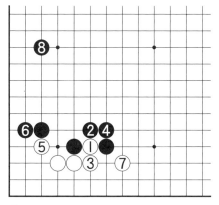

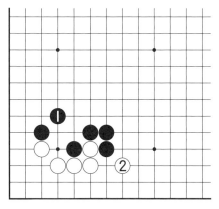

▦ 정석 배우기

외목에서 흑이 씌우고 1로 뛸 경우 가장 기본이 되는 정석에 대해 배워보자.

테마

참고도 1(실리 선택)

일단 백1, 3으로 끼워잇는 것이 요령이다. 흑4로 이을 때 귀에서 백5의 붙임으로 활용하는 것이 보통인데 이하 8까지 일단락이다.

물론 흑의 세력과 백의 실리로 갈리는 정석이다.

참고도 1

참고도 2(두터움 선택)

귀에서 흑이 붙일 때 흑1의 마늘모 지킴도 상용 정석이다.

실리로는 손해이지만 두터운 방법이다.

참고도 2

8형 외목에서 씌운 후 귀에 붙이다

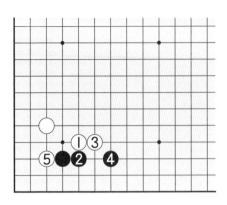

장면

■ 외목에서 백1, 3으로 씌워간 것은 세력 위주의 수단인데 5의 붙임은 무슨 뜻일까?

세력과 귀의 실리는 같은 편이 아닐 텐데 그렇다면 뭔가 꼼수가 도사리고 있을 듯하다. 이에 대한 흑의 대응법을 알아본다.

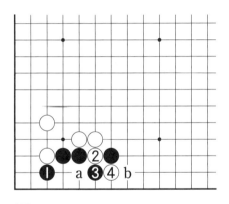

1도

1도(사고)

무심코 흑1의 젖힘이면 사고가 발생한다.

백2, 4로 나와끊는 순간 흑이 a에 잇든 b로 한점을 잡두 당하는 결과가 기다린다.

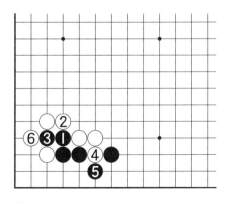

2도

2도(올가미)

흑1, 3으로 나가는 것도 백이 기다리던 순간이다.

백4로 나간 후 6에 막는 것이 올가미를 씌우는 수순인데~

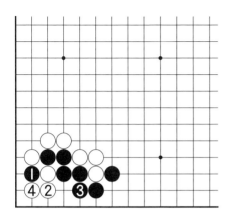

3도

3도(흑, 망함)

이제 와서는 흑도 체면상 1로 끊어 귀를 공략해 보지만 백2, 4로 한점마저 잡힐 뿐이다. 흑이 망한 결과이다.

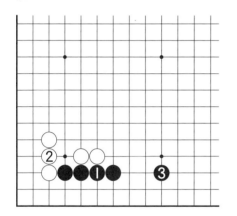

4도

4도(실리 중시)

따라서 흑은 귀부터 두면 곤란하다. 흑1로 잇는 것이 무난하다.

이제 백2로 귀를 지키면 흑3에 벌려 일단락이다. 흑이 실리를 중시한 정석이다.

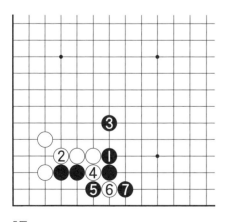

5도

5도(중앙 중시)

흑은 1로 올라설 수도 있다. 백2로 단단히 보강하면 흑3에 뛰는 것이 요점이다.

다음 백은 4, 6으로 하나 끊어 귀를 간접 보강한 후 손을 돌리는 것이 일책이다. 흑이 중앙을 중시한 개량 정석이다.

대사정석에서 한칸 뛰는 편법

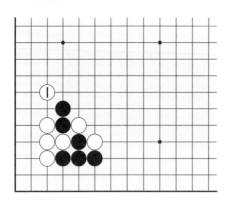

장면

■ 이 모양은 외목 대사정석의 과정인데 백1로 한칸 뛴 장면이다. 얼핏 당연한 진출인데 실은 엷은 수이다.

　그런데 이 안에 함정이 숨어있었다. 이에 대한 흑의 대응법을 알아본다.

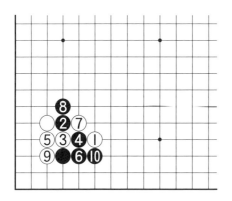

1도

1도(과정)

외목에서 백1의 눈목자로 씌우면서 출발한다.

　흑2로 붙인 후 10까지 기억해둘 대사정식의 수순이다.

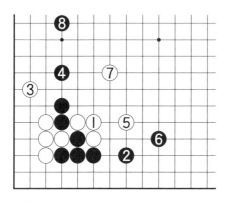

2도

2도(안정적 날일자 진출)

다음 백1로 잇고 흑2에 백3의 날일자 진출이 안정적이다. 이하 8까지 서로 모양을 갖추며 균형을 맞추는 것이 정석의 이치이다.

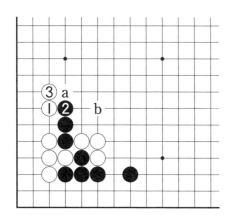

3도

3도(흑세 형성)

그런데 장면처럼 백1로 뛰어 진출하면 흑2로 하나 미는 자체로 흑세가 형성된다. 그러면 다음 흑a로 계속 밀든 b로 석점을 위협하든 흑이 주도하는 흐름이다. 변쪽 백진이 엷은 탓이다.

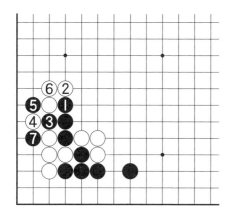

4도

4도(준비된 젖힘)

실은 흑1에 백도 2의 젖힘을 준비하고 있었다.

흑3 이하 7로 나와 끊어 한점을 잡고 기분을 내고 있는데~

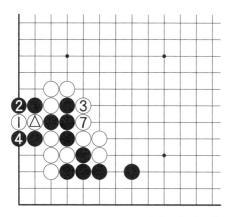

5도　　⑤⑧…△ ❻…①

5도(후방 차단)

백1로 키울 때 흑2로 잡는 데 연연하면 백3의 단수로 후방이 차단되며 큰 사고가 발생한다.

다음 흑4 이하 8까지 백의 조임이 선수이다.

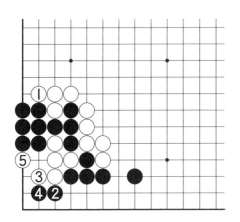

6도

6도(무시무시한 함정)

결국 이 모양이 되는데 백1로 막으면 흑 대마가 살아갈 방법이 없다.

귀에서 흑2, 4로 몰아도 백5의 맥점으로 흑의 죽음을 확인할 뿐이다. 백의 무시무시한 함정이었다.

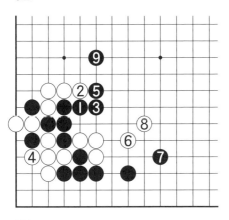

7도

7도(흑, 두터운 싸움)

백이 두점으로 키울 때 흑1로 나가는 것이 정수였다.

그러면 백의 행마가 어려운데 2로 밀고 4로 귀에서 한점을 잡으면 흑5로 꼬부린 후 9까지 흑이 두터운 싸움이다.

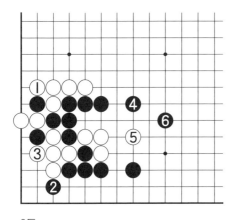

8도

8도(기분 좋은 공격)

앞 그림의 3에 백1로 변에서 한점을 잡으면 흑2로 귀의 활용을 선수한 후 4, 6으로 공격해 흑이 기분 좋은 흐름이다.

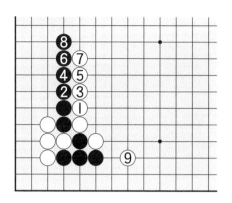

▨ 대사정석의 과정에서 이번에는 백1 이하 7로 사정없이 밀어붙인 후 9로 하변에 다가섰다. 뭔가 노골적인 위협 상황에서는 힘으로 맞섰다간 큰 코 다칠 수 있다.

이런 데서는 힘보다 기교가 필요한데 그와 같은 흑의 변신술을 알아본다.

장면

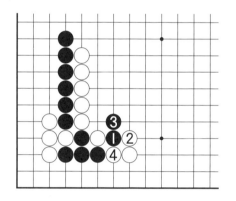

1도(함정 수순)

일단 흑1의 단수는 당연한데 백2에 단순히 흑3으로 올라서면 백4로 끊어 이제 흑은 돌이킬 수 없는 함정에 빠진다.

1도

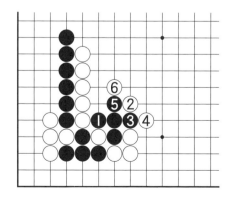

2도(완전 봉쇄)

다음 흑1로 한점을 잡지만 백2의 씌움이 제격이다. 흑3, 5로 이리저리 헤쳐 보지만 외부로 빠져나갈 틈새가 없다.

미리 구축한 백의 철벽이 제대로 힘을 발휘한다. 흑은 힘에 맞선 결과 위험에 처하고 말았다.

2도

159

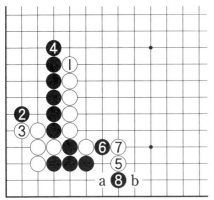

3도

3도(정확한 수순)

흑의 정확한 수순은 약간 거슬러 올라가야 한다. 막바지 백1로 밀 때 일단 흑2로 귀에 하나 선수한 후 4로 늘어야 이득이다.

흑의 본격 대응은 흑6 다음 8의 2선 붙임이 맥점인데 상당한 변신술이다. 그러면 백은 a나 b로 젖힐 테지만~

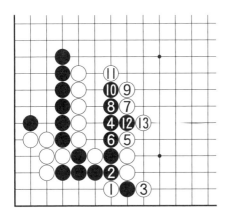

4도

4도(안에서 젖히는 경우)

백1로 안에서 젖히면 흑2에 끊어놓고 4로 진출한다.

어쨌든 백이 철벽의 존재감을 살리자면 5 이하 13까지 흑 전체를 봉쇄해야 하는데~

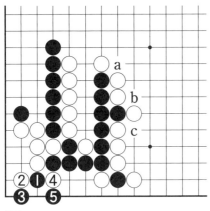

5도

5도(준비된 강수)

흑1, 3의 젖힘이 준비된 강수이다. 그러면 백4에 흑5로 패가 나는데 바깥에 a~c 등 단점이 많은 백이 절대 불리하다. 이런 데서 흑의 팻감이 무한정 나올 테니 이 진행은 백이 곤란하다.

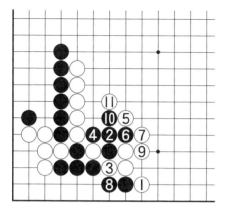

6도

6도(붙여둔 효과)

그렇다면 3도 다음 백1로 바깥에서 젖힐 테지만, 이번에는 흑2 이하 백 11까지 진행시킨다.

중앙 처리는 2도와 같지만, 다른 점은 미리 2선에 붙여둔 효과로 흑 8의 활용이 생겨 백 모양이 부실해 졌다.

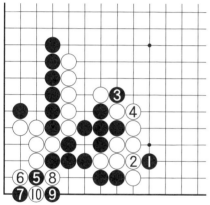

7도

7도(정교한 패의 수순)

다음 흑1, 3을 결정한 후 5, 7로 패를 걸어가는 수순이 정교하다. 백8, 10으로 따낼 때~

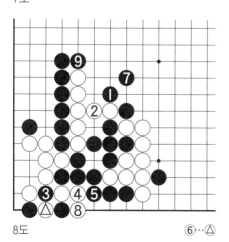

8도   ⑥…△

8도(흑, 단연 우세)

흑1의 단수가 절대 팻감이다. 다음 백2로 잇고 흑3에 백4로 하나 나올 수 있지만 흑5로 자연스럽게 이은 후 7이 귀의 패와 중앙을 맞보는 수이다.

그러면 백8로 해소할 수밖에 없 으니 흑9면 중앙 백이 잡혀 흑이 단연 우세하다.

161

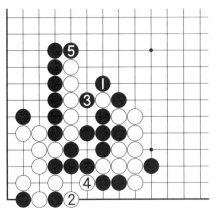

9도

9도(흑, 유리)

흑1 때 백2로 패를 해소하는 편이 나을 것이다.

　그러면 흑3에 따낼 때 백4로 두 점을 잡는 맛이 남지만 흑이 5로 중앙을 제압하면 역시 유리한 모습 이다. 백이 4로 잡지 않고 두더라도 불리한 흐름이다.

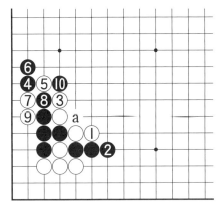

10도

10도(축 관계)

지금까지 대사정석에서 백의 무리한 경우를 보았다.

　백은 축이 유리하면 1, 3의 수단이 유력하다. 흑4에 백5의 붙임이 맥점이다. 흑이 리듬을 타려면 6으로 나가야 하지만 백7, 9의 반발이 기다린다. 흑10으로 끊으면 a쪽과 더불어 축 관계가 발생하는데 양쪽 축에서 하나만 불리해도 백은 선택할 수 없다.

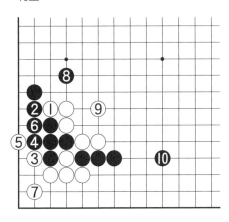

11도

11도(타협)

백은 축이 불리하면 이 상황에서 1 이하 5를 선수한 후 7로 귀를 지킨다. 그러면 10까지 서로 모양을 갖춰 타협할 수 있는데 중앙 백의 처신이 다소 어렵다.

외목 협공에 치받다

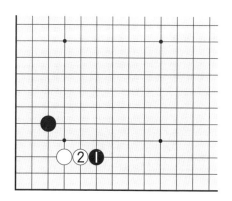

장면

▨ 외목에서 흑1의 한칸협공에 백2
로 치받은 장면이다.

　분명 효율적인 모양은 아니지만
쉽게 생각하면 자기도 모르게 당한
다. 그럼 흑의 대응법에 대해 알아
본다.

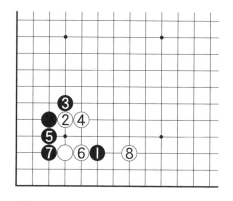

1도

1도(간명한 정석)

원래 흑1의 협공에 백2, 4로 붙여
나가면 무난하다.

　다음 흑은 5, 7로 귀를 장악하고
백은 8로 변에 모양을 갖추면 타협
인데 간명한 정석이기도 하다.

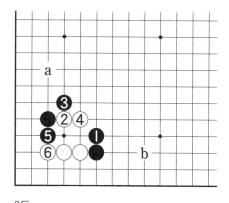

2도

2도(흑, 당한 결과)

장면 다음 흑1로 올라서면 백2, 4
로 붙여 나간다. 그러면 흑5에 이번
에는 백이 6으로 귀를 장악한다.

　그리고 나서 백이 a와 b의 공격
을 맞보면 흑이 알게 모르게 당한
결과이다. 백이 귀를 효율적으로 차
지한 덕분이다.

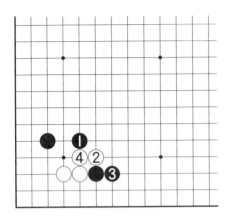

3도

3도(흑이 바빠진다)

흑1로 뛰며 고공 작전을 펼쳐도 백 2, 4로 진출하면 흑이 양쪽을 지켜야 하니 바빠진다. 역시 백이 충분한 모습이다.

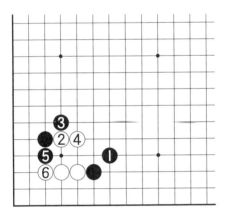

4도

4도(탄력적 마늘모)

실은 하변에서의 행마가 중요했는데, 흑1의 마늘모가 탄력적이다.

　그러면 백2 이하 6으로 귀를 차지하더라도~

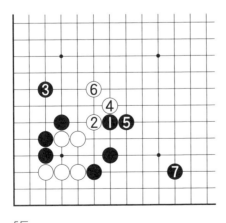

5도

5도(타협)

흑1로 뛰는 리듬이 좋다. 다음 백2의 마늘모붙임이 맥점으로 흑3에 지킬 때 4, 6으로 모양을 갖추지만 흑도 7의 벌림을 얻어 타협이 가능한데 이 결과도 정석이다.

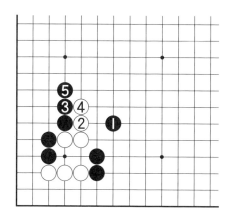

6도

6도(백, 속수)

만일 2도 다음 흑1의 날일자 행마는 어떤가.

이때 백2, 4는 상대 세력의 등을 밀어주는 격이니 좋을 리 없는 속수이다.

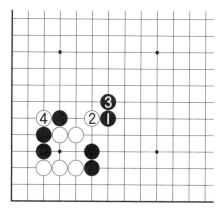

7도

7도(흑, 곤란)

흑1에는 백2의 붙임이 역시 맥점이다. 흑3으로 올라서면 백4의 끊음으로 좌변 흑이 무사하지 못하다.

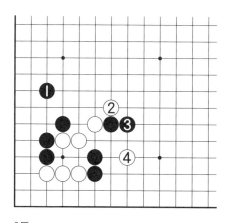

8도

8도(급소 공격)

따라서 앞 그림의 2에는 흑1로 지켜야 하는데 백2 다음 4의 급소 공격이 통렬하다.

5도와의 차이를 실감할 수 있을 것이다.

12형 밭전자 외목에서 장문 씌우다

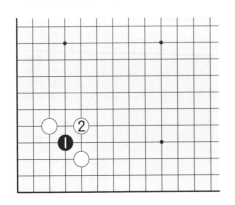

장면

■ 외목에서 외목이면 밭전자 모양인데 흑1로 가운데를 째고 싶다.

백도 기다렸다는 듯이 2로 장문 씌워 서로 기 싸움이 팽팽한데 과연 타개는 가능할까? 그럼 흑의 타개법에 대해 알아본다.

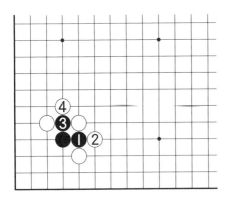

1도

1도(백의 심산)

흑1, 3으로 나가면 백은 2, 4로 일단 막겠다는 심산이다. 여기서가 중요한데~

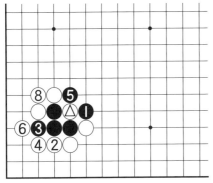

2도   **❼**···△

2도(흑만 포도송이)

흑이 바깥 단점에 연연해 1로 끊으면 백은 2, 4로 몰고 6으로 넘은 후 8로 이어 흑만 포도송이가 되었다.

이처럼 단점을 직접 공략하면 망하는 길이다.

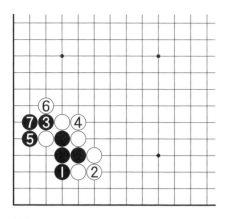

3도

3도(흑, 충분)

그렇다면 안에서 움직이는 수를 연구해야 하는데 흑1의 막음이면 어떤가.

백2로 이으면 흑3 이하 7까지 귀의 실리가 커서 충분하다.

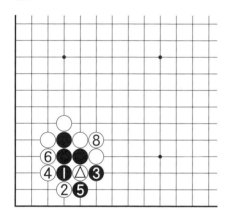

4도　　　　　　　　　❼‥△

4도(흑, 궁색)

흑1에는 백2의 젖힘이 상대를 조이는 급소이다.

흑3에 끊으면 백4, 6으로 돌려친 후 8로 이어 백 모양이 활발하고 흑이 궁색한 모습이다.

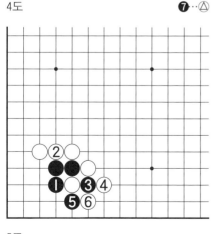

5도

5도(흑, 답답)

흑이 하나만 나가고 1로 막으면 일단 백2로 틀어막는 것이 두텁다.

다음 흑3, 5로 한점을 잡으면 백4, 6으로 압박해 흑이 역시 답답한 상황이다.

167

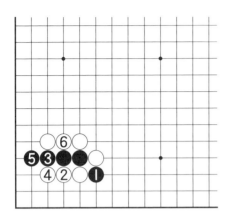

6도

6도(흑, 곤란)

그렇다고 흑이 나가서 1로 끊으면 백2 이하 6으로 몰아 흑이 무사하지 못하다.

　이런 좁은 곳에서의 싸움은 힘으로만 해서는 이길 수 없다. 더구나 흑은 숫자도 부족하지 않는가.

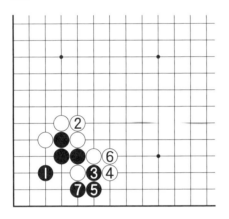

7도

7도(교묘한 마늘모 지킴)

1도 다음 흑1의 마늘모가 교묘한 지킴이다.

　그러면 백2로 어느 한쪽을 이어야 할 테니 흑은 3으로 끊은 후 7까지 한점을 품으며 귀를 차지해 충분하다.

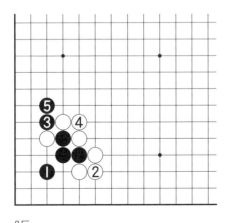

8도

8도(흑, 변으로 진출)

흑1에 백2로 변을 이어도 역시 흑3으로 다른 쪽 변을 끊으며 5로 진출해 흑이 충분한 모습이다.

4
전략적 변칙 수법

화점 날일자받음에 잠입하다(1)

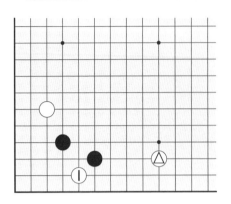

장면

■ 귀는 화점 날일자받음인데 변의 백△를 배경으로 1로 잠입한 장면이다.

귀와 변을 연계한 변칙수인데, 이에 대한 흑의 대응법을 알아본다.

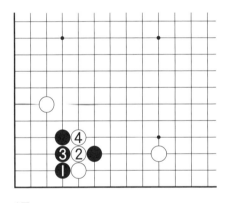

1도

1도(흑의 파탄)

귀에서 흑1로 막는 것은 보기에도 서투른 행동이다.

백2, 4로 뚫리면 알기 쉽게 흑의 파탄이다.

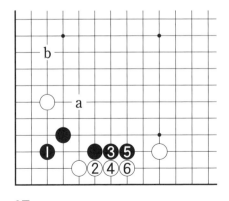

2도

2도(싱거운 결말)

흑1로 3三에 지켜도 백2 이하 6으로 연결하면 싱거운 결말이다.

좌변도 흑의 선택에 따라 백은 a의 뜀이나 b로 벌릴 여유가 있는 만큼 충분한 모습이다.

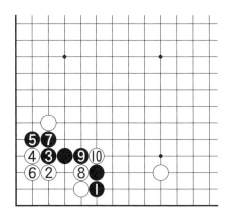

3도

3도(통렬한 끊음)

이번에는 변에서 흑1로 강하게 막아보자.

그러면 백2로 3三에 침입한 후 10의 끊음이 통렬하다. 흑은 어느 한쪽이 무사하지 못할 모양이다.

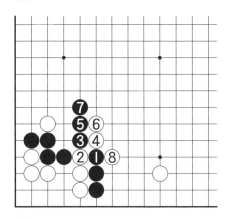

4도

4도(흑, 곤란)

앞 그림의 8에 흑1로 늦춰도 백2, 4의 끊음에는 변함이 없다.

이하 8까지 되면 하변 흑 석점이 살아가기 어렵다.

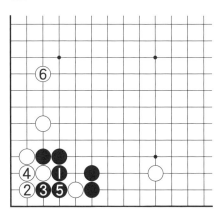

5도

5도(흑, 실리 손실)

따라서 3도의 4에 흑1로 돌아설 수밖에 없다면 이하 6까지 흑의 실리 손실이 크다. 애초 변에서 강하게 막은 탓이다.

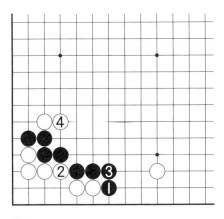

6도

6도(적절한 지킴)

일단 흑1로 위에서 누르는 수가 후환이 없는 적절한 지킴이다.

백2 이하 8까지 귀를 공략한 이후가 중요하다.

7도(흑 전체가 엷다)

이때 흑1, 3이면 변과의 차단은 가능하지만 백4로 올라서면 흑 전체가 엷다.

집도 없고 엷은 만큼 이 진행은 흑의 불만이다.

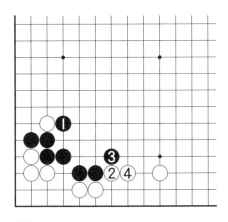

7도

8도(두터운 젖힘)

6도 다음 흑1의 젖힘이 두터운 곳이다.

그러면 백2, 4로 연결을 허용해도 흑이 선수이니만큼 둘 만하다.

8도

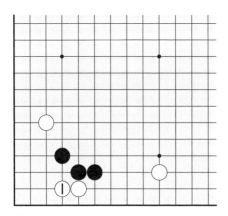

테마

▦ 백이 가만히 파고들면?

흑이 위에서 누를 때 백1로 가만히 파고들면 흑의 대응법은 무엇일까?

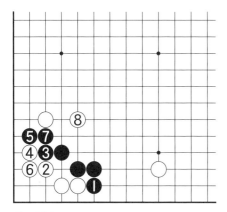

참고도 1

참고도 1(백, 활발)

흑1로 그냥 막으면 백은 2 이하 6까지 귀에서 살고 8로 흑세를 견제해 활발한 모습이다. 흑이 손쓸 겨를 없이 당했다.

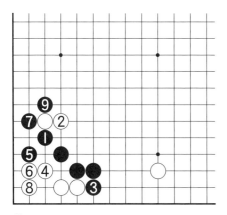

참고도 2

참고도 2(붙인 후 막는다)

흑1로 붙인 후 3에 막는 것이 교묘한 수순이다.

　그러면 백4에 흑5, 7이 귀에 선수로 듣는 만큼 9로 젖히는 두터운 자세를 얻을 수 있다. 이 진행은 흑의 만족이다.

화점 날일자받음에 잠입하다(2)

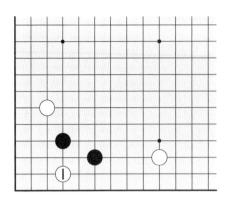

장면

▨ [1형]과 같은 배경에서 이번에는 백1로 더 깊이 잠입했다.

역시 귀와 변을 연계한 변칙수인데, 이에 대한 흑의 대응법을 알아본다.

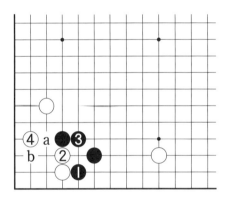

1도

1도(흑, 망한 결과)

변에서 흑1의 마늘모로 붙인 후 3으로 늘면 백4의 연결이 준비되어 있다.

다음 흑a, 백b로 될 테지만 귀의 보고를 잃은 흑이 망한 결과이다.

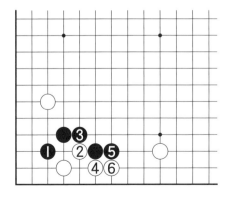

2도

2도(흑, 불만)

흑1로 귀에서 온건하게 받는 것도 백2 이하 6으로 넘어가버리면 너무 싱겁다.

좌변에서 적절한 공격 대책이 없는 만큼 흑의 불만이다.

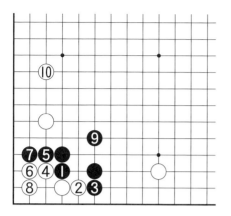

3도

3도(흑, 실속이 없다)

일단 흑1의 치받음이 간명하다. 그런데 백2에 흑3으로 막으면 백이 8까지 살고 난 다음 흑9로 지켜야 하니 실속이 없다.

백은 10으로 벌리며 변도 안정하니 불만 없다.

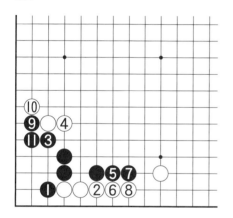

4도

4도(흑, 간명책)

앞 그림의 2에 흑1로 귀쪽에서 막는 것이 정수이다.

백2에 흑3으로 붙여 귀를 일단 지킨 후 5, 7로 눌러놓고 11까지 처리하면 흑도 단단한 만큼 충분한 모습이다.

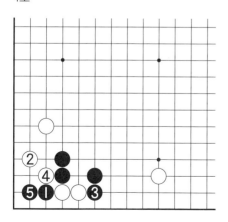

5도

5도(백, 두점 잡힘)

흑1 때 백2로 귀에 파고들면 흑3으로 두점 잡아서 좋다.

백4에 끊어봐야 흑5로 늘면 그뿐이다.

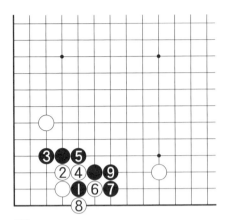

6도

6도(흑, 강경책)

실은 흑1로 붙인 후 3으로 차단하는 것이 강력한 대응이다.

　백4, 6으로 한점을 잡으면 흑7, 9로 두텁게 자세를 갖추고 나서~

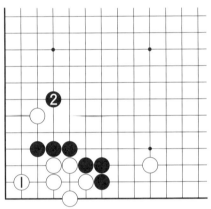

7도

7도(흑, 주도적 흐름)

다음 백1로 귀를 보강하는 정도인데 흑2로 압박하면 흑이 주도적인 흐름이다. 백이 변을 먼저 두고자 한다면~

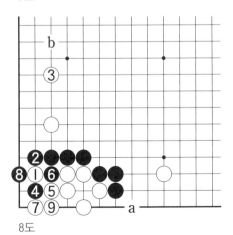

8도

8도(백, 거의 망한 모습)

백1로 선수한 후 3으로 벌리는 방법은 있을 것이다. 그러면 흑4 이하 8로 한점을 잡는 것이 선수이고 a 쪽 활용도 남은 만큼 흑이 두터우며 이를 배경으로 b의 공격도 위력적이다.

　백은 귀에서 겨우 두 집 내고 살았으니 거의 망한 모습이다.

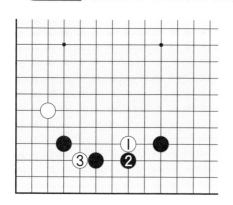

장면

■ 화점 날일자받음에서 장면처럼 변의 높은 벌림이 있는 경우 백1의 침입 후 3의 옆구리붙임은 귀와 변을 연계한 변칙수이다.

이런 경우 흑의 대응법에 대해 알아본다.

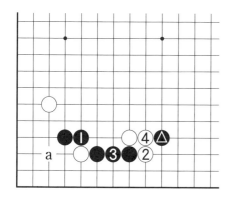

1도

1도(흑의 손실)

우선 흑1로 받고 싶지만 백2에 젖힐 때 문제가 발생한다.

흑3에 이으면 그나마 예고된 참사를 막을 수 있지만 백4로 관통하면 ▲가 다친 만큼 흑의 손실이 크다. 귀도 a의 침입이 남아있다.

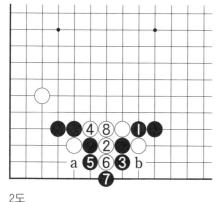

2도

2도(예고된 참사)

앞 그림의 2에 흑1로 끊으면 이제 참사는 눈앞에 다가왔다.

백2, 4의 양쪽 단수 후 8까지 되고 나면 흑의 다음 행마가 고민이다. a와 b의 단수, 둘 중 하나일 텐데~

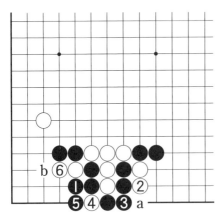

3도

3도(귀쪽 단수)

흑1로 귀쪽 단수를 선택하면 백2, 4로 공작을 하고 나서 6으로 나간다. 그러면 백a의 선수 활용이 있어 흑이 b의 단수는 불가하므로~

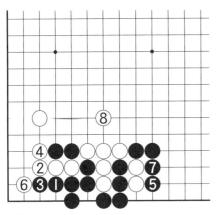

4도

4도(흑, 초라한 몰골)

흑1, 3으로 밑으로 몰고 나간 후 백4에 흑5로 변의 두점을 잡을 수밖에 없다.

결국 8까지 되고 보면 흑진은 초라한 몰골이고, 누점을 포획한 백의 진영은 광활하다.

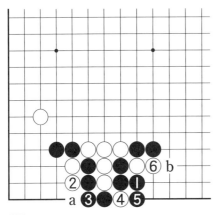

5도

5도(변쪽 단수)

2도 다음 흑1로 변쪽 단수를 선택해도 백은 2, 4로 공작을 하고 나서 6에 나간다.

역시 백a의 선수 활용이 있어 흑이 b의 단수는 불가하므로~

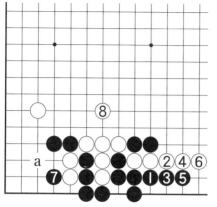

6도

6도(흑, 난감)

흑1 이하 5로 아래에서 밀어간 후 7로 귀의 두점을 잡을 수밖에 없으니 수모가 말이 아니다. 다음 백은 8로 뛰기만 해도 국면을 주도하는 모양이다.

흑은 중앙 두점이 빈약하고 귀도 a의 약점이 노출되어 난감하다.

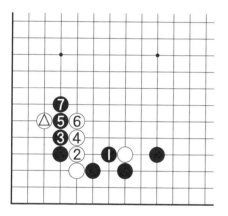

7도

7도(흑의 힘찬 대응)

여기는 흑1로 호구쳐 귀와 변의 연결고리를 사전에 차단하는 것이 힘찬 대응이다.

백2로 나가면 흑3으로 자연스레 따라 나가서 좋다. 이하 7까지 계속 나가면 △가 잡힌 백의 피해만 커지므로~

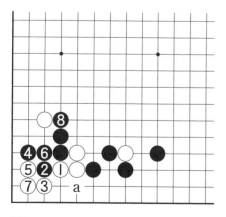

8도

8도(두터운 처리)

앞 그림의 3에 백1로 귀를 향해 움직이면 흑2 이하 8로 귀를 적당히 내주며 대항한다.

이후 흑a면 백이 곤마이므로 시달릴 게 빤한데, 결론적으로 흑이 두텁게 처리한 모습이다.

179

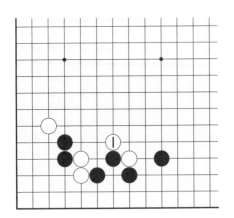

테마1

백이 변에서 젖히는 경우

장면의 8도에서 백1의 젖힘으로 변의 모양을 이용해 변화를 모색하면 흑은 어떻게 대처해야 할까?

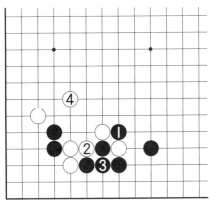

참고도 1

참고도 1(만만치 않은 싸움)

단순히 흑1로 한점을 잡으면 백은 변을 이용해 2, 4로 씌우는 자세가 그럴듯하다.

그러면 만만치 않은 싸움이 벌어질 공산이 크다.

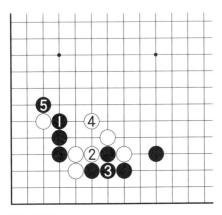

참고도 2

참고도 2(흑, 충분)

흑1로 누르는 것이 간명하다. 백2, 4로 모양을 갖추면 흑5로 한점을 제압해 충분한 모습이다.

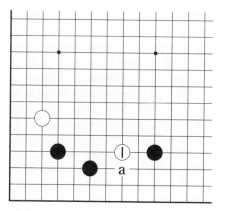

테마2

⊞ 처음부터의 대처법

장면에서 백1로 변에 침입할 때부터 흑은 a의 붙임을 고집할 필요는 없다. 다른 대처법을 생각해보자.

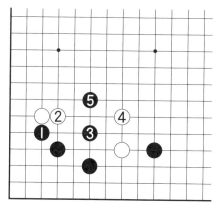

참고도 1

참고도 1(흑, 유력)

흑1, 3으로 귀를 지키며 양쪽 백을 노리는 것이 유력한 작전이다.

백4에 흑5로 점점 백이 바빠질 국면이다.

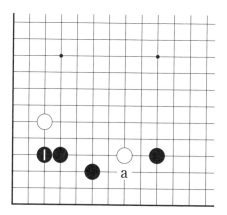

참고도 2

참고도 2(간명한 대응)

흑1의 쌍점으로 귀를 확실히 지켜두는 것도 간명한 대응이다.

그런 후에 a의 연결을 노리겠다는 뜻이다.

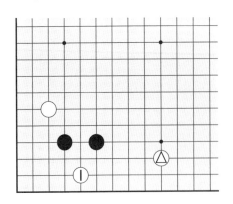

장면

▨ 귀는 화점 한칸받음인데 변의 백 ⊿를 배경으로 1로 저공 침투한 장면이다.

귀와 변을 연계한 변칙수인데, 이에 대한 흑의 대응법을 알아본다.

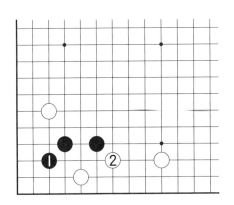

1도

1도(이상적 연결 자세)

흑1의 3三으로 단순히 받으면 백2로 변에 연결하는 자세가 이상적이다. 이처럼 단물만 먹힌다면 흑이 선택할 수 없다.

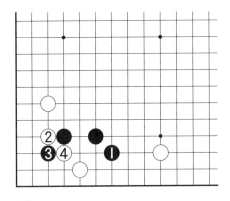

2도

2도(흑, 곤란)

흑1의 마늘모 차단은 백 한점을 크게 잡겠다는 뜻이지만 백2의 붙임이 날카롭다.

다음 흑3에 젖히면 백4로 끊겨 이 싸움은 흑이 곤란하다.

4형

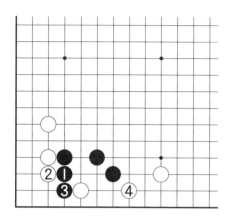

3도

3도(활용)

앞 그림의 2에 흑1로 물러서면 어떤가.

　백이 2를 선수한 후 4로 활용하자 하면 흑이 남는 게 없다. 상황에 따라 곤마로 몰릴지도 모른다.

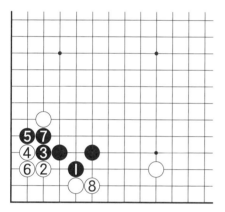

4도

4도(흑, 중복)

흑1의 위붙임은 상대의 운신을 어렵게 하려는 뜻이지만 백2로 3三에 들어가 6까지 선수한 후 8에 빠지면 백 모양만 알차다. 그리고 보면 흑은 중복된 모양이다.

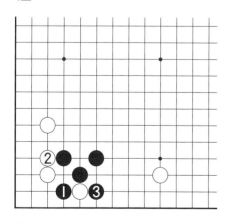

5도

5도(흑, 편중)

앞 그림의 2에 흑1, 3으로 한점을 잡으며 변신해도 흑이 편중된 모양이라 좋지 않다.

　이에 비해 백은 귀를 적당히 삼키며 재빨리 선수를 잡고 있지 않는가.

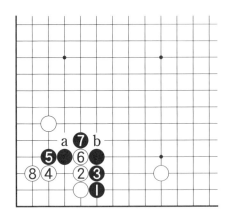

6도

6도(흑의 파탄)

흑1로 붙여 변에서 타이트하게 차단하면 백은 2, 4로 이쪽저쪽 선수한 후 6, 8로 귀에 사는 모양을 갖춘다.

그런 후에 a와 b의 단점을 노리면 거의 흑의 파탄이다.

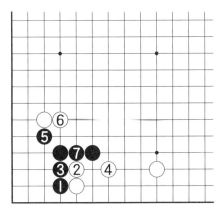

7도

7도(흑의 대응법)

흑1로 붙여 귀에서 타이트하게 차단하는 것이 정수이다. 백2, 4로 건너가면 흑5, 7로 귀를 챙기며 확실히 이어둔다.

그러면 좌변이 공격 목표이며 하변도 엷어 흑이 충분하다.

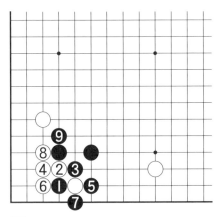

8도

8도(흑, 두터움)

흑1에 백2의 끼움으로 변화를 구하면 이제는 흑3, 5로 한점을 잡아둔다. 이하 9까지 흑이 두터운 모양이다. 귀는 백이 차지해도 엷다.

화점 한칸받음에서 저공 침투 2탄

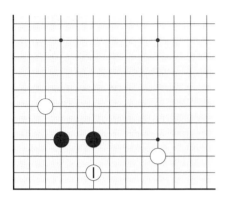

장면

■ [4형]과 같은 환경에서 백1로 역시 저공 침투이지만 한칸 늦췄다.

적당한 선에서 이득을 보겠다는 뜻인데, 이에 대한 흑의 대응법을 알아본다.

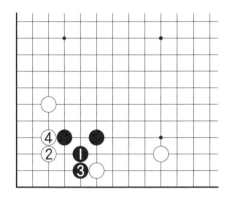

1도

1도(흑이 실속만 빼앗기다)

흑1의 마늘모로 받는 것은 백2의 3三침입이 제격이다.

흑3에 백4로 좌변에 넘어가면 실속만 빼앗기고 흑이 한 게 없다.

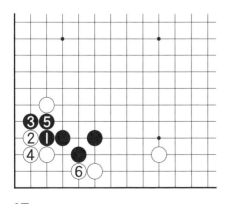

2도

2도(백이 알찬 모습)

앞 그림의 2에 흑1로 좌변 쪽을 차단해도 이하 6까지 백 모양만 알차고 흑은 중복이다. 이 결과는 [4형]의 4도와 같다.

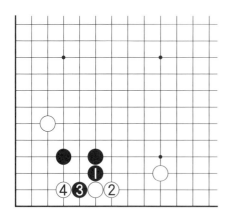

3도

3도(흑, 피곤)

흑1의 치받음도 생각할 수 있지만 백2, 4로 껴붙이며 귀를 공략하면 흑만 피곤하다.

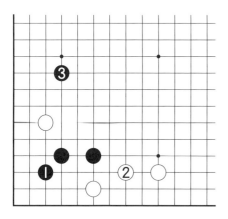

4도

4도(균형적인 감각)

이번에는 흑1의 3三에 가만히 받는 것이 균형적인 감각이다.

　백2로 하변을 지키면 귀에 여유가 있는 만큼 흑3으로 협공해서 충분하다.

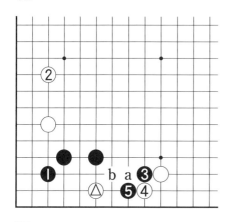

5도

5도(차단하는 맥)

흑1에 백2로 좌변을 벌리면 흑3, 5로 붙이고 젖혀서 백△를 차단하는 것이 맥이다.

　다음 백a면 흑b가 요령인데 한점 잡은 귀의 실리가 크다.

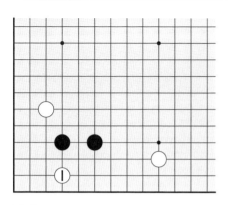

장면

▨ [4형]과 같은 환경에서 이번에는 백1로 한칸 더 깊이 들어갔다.

그러면 좌변과의 접선도 노리겠다는 뜻인데, 이에 대한 흑의 대응법을 알아본다.

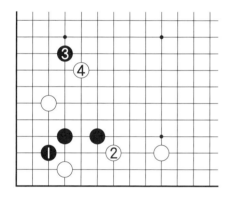

1도

1도(백, 경쾌)

흑1로 귀에서 차단하면 백2로 넘는 자세가 경쾌하다.

흑3으로 협공해도 백4로 가볍게 대항해서 충분하다.

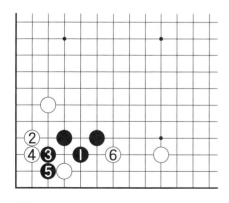

2도

2도(흑, 옹색)

흑1의 마늘모는 귀와 변, 양쪽을 모두 차단하려는 뜻이지만 보기에도 옹색하다.

백은 2 이하 6으로 양쪽을 활용해서 충분하다. 그야말로 사석작전의 진수이다.

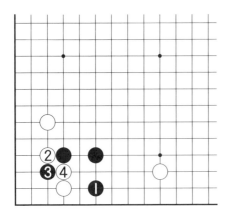

3도

3도(안성맞춤)

흑1의 한칸으로 차단하면 백2, 4로
붙여 끊는 것이 안성맞춤이다. 이제
는 흑의 수습이 관건이 되었다.

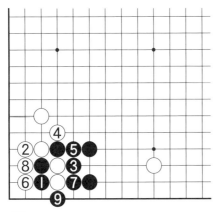

4도

4도(흑, 망하는 길)

일단 흑1로 막는 것은 당연한데 백
2의 내려섬이 침착하다.

　그러면 흑3 이하 9까지 알기 쉽
게 두점을 잡아도 그동안 주변을
온통 활용당해 흑이 삽1노 망하는
길이다.

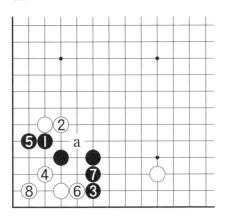

5도

5도(흑 전체가 곤마에 불과)

흑1로 붙이고 3으로 차단하면 어떤
가. 그러면 양쪽을 차단해 확실히
귀에 가둘 수 있지만 백이 4 이하
8까지 살고 나면 2로 올라선 만큼
백은 힘이 생겼고 a도 선수인 만큼
흑 전체가 곤마에 불과하다.

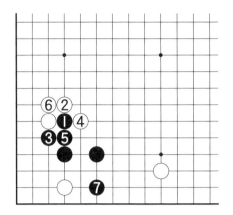

6도

6도(흑의 힘찬 차단)

흑은 좌변과의 차단 방법에 문제가 있었다.

흑1, 3의 호구가 힘찬 차단이다. 그러면 백4, 6에 받을 때 흑7로 확실히 한점을 제압할 수 있다.

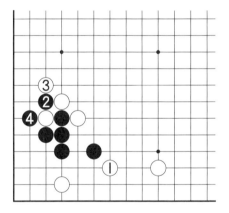

7도

7도(흑, 충분)

앞 그림의 5에 백1로 하변에 진출하면 흑은 2, 4로 한점을 잡아 두터운 모습이다. 하변 백도 엷어 흑이 충분하다.

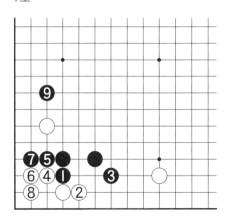

8도

8도(간명한 대응)

흑1의 치받음도 간명한 대응이다. 백2 이하 8로 귀에서 살 수 있지만 흑9로 협공하는 자세가 좋다.

화점 한칸받음을 들여다보고 씌우다

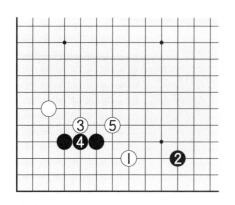

장면

▨ 화점 한칸받음에서 백1로 변에서 걸치면 흑2의 협공은 당연한 반응인데 백3, 5로 들여다보고 씌운 수는 매우 이채롭다.

뭔가 원대한 음모가 있을 법한데 이를 타파하는 흑의 대응법을 알아본다.

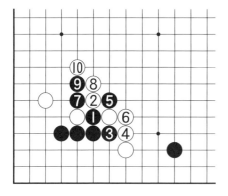

1도

1도(흑, 답답)

백의 외곽이 허술하다 해서 흑1, 3으로 무작정 나가서 5, 7로 끊는 것은 백10까지 막혀 흑이 답답할 노릇이다.

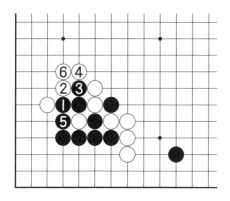

2도

2도(역시 갑갑)

앞 그림의 9 대신 흑1로 변화해도 백2 이하 6까지 틀어막으면 흑이 역시 갑갑하다.

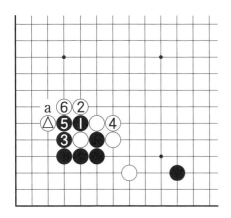

3도

3도(봉쇄)

1도의 2에 흑1로 먼저 끊어도 백2, 4로 단수하고 이으면 어영부영 봉쇄된다.

흑5 다음 a로 끊으면 백△야 잡을 수 있지만 백은 그동안 쌓은 두터움으로 전국을 누빌 것이다.

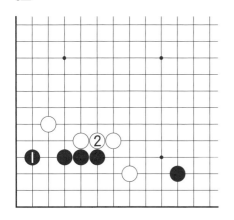

4도

4도(백, 만족)

흑1로 귀부터 지키는 것은 백2로 틀어 막힌다.

백은 졸지에 두터움이 생겨 만족이다.

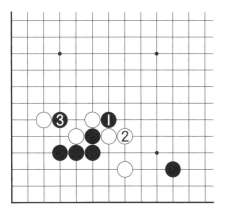

5도

5도(돌파의 맥점)

1도의 2 다음 흑1로 중앙을 끊는 것이 정확한 수순이다.

백2로 지키면 흑3의 건너붙임이 돌파의 맥점이다.

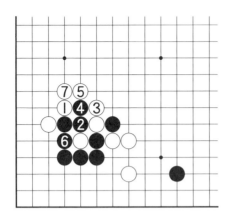

6도

6도(흑, 곤란)

다음 백1의 젖힘에 흑2 이하 6으로 한점을 잡는 것은 백7까지 다시 봉쇄되니 흑이 곤란하다.

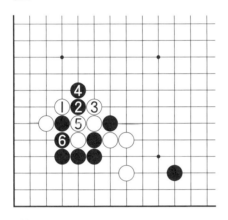

7도

7도(백의 파탄)

백1에는 흑2의 되젖힘이 5도의 3에 이어지는 연관된 급소이다.

　그러면 백3에 흑4로 나가고 백5에 흑6으로 이어서 백의 파탄이다.

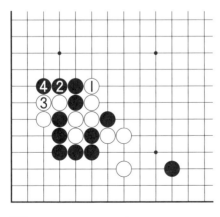

8도

8도(백, 석점 잡힘)

다음 백1로 중앙을 보강하면 흑2, 4로 막아 백 석점이 살기 어렵다.

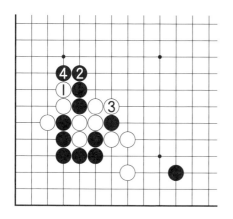

9도

9도(백, 위험)

7도 다음 백1로 밀고 3으로 보강해도 흑4로 막히면 백이 위험하다. 비록 살더라도 출혈이 심할 것이다.

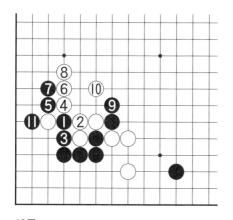

10도

10도(흑, 만족)

흑1에 백2, 4로 막을 수 있지만 흑5, 7로 밀고 9를 선수한 후 11로 한점을 잡으면 백이 절대 불리한 국면이다.

흑은 실리도 크고 양쪽 백을 노리고 있으니 만족이다.

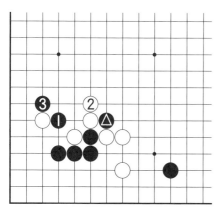

11도

11도(흑, 충분)

흑1에는 백2로 느는 정도이지만 흑3으로 한점을 제압하면 흑이 충분한 모습이다. 흑▲도 백의 눈엣가시일 것이다.

화점 밭전자 모양에서 양쪽 들여다보기

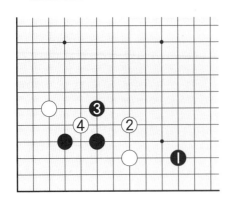

장면

▓ [7형]과 같은 조건에서 흑1의 협공에 이번에는 백2로 한칸 뛰고 흑3에 백4로 들여다본 장면이다.

밭전자 모양에서 양쪽을 들여다보고 있어 얼핏 흑이 난감한데 이를 타개하는 대응법을 알아본다.

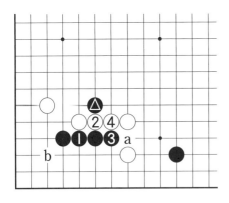

1도

1도(중앙 관통)

먼저 흑1로 귀를 이으면 백2, 4로 중앙이 뚫리고 ▲가 차단되어 흑이 재미없다.

흑은 a로 나가더라도 b의 3三이 비어있어 실리도 크지 않다.

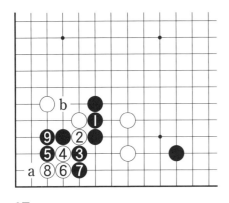

2도

2도(백, 곤란)

이번에는 흑1로 중앙을 이어보자. 이때 백2, 4로 나와 끊으면 흑5 이하 9의 반발이 기다린다.

다음 a와 b가 맞보기가 되니 백이 곤란하다.

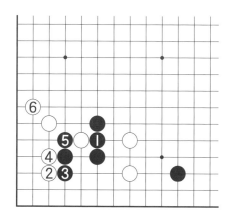

3도

3도(백2, 유력한 침입)

흑1에는 백2의 3三침입이 유력하다. 흑3에 물러선다면 백4, 6으로 넘어간 실리가 크고 흑 모양은 효율성이 없다.

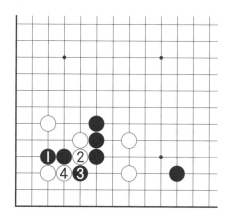

4도

4도(유효적절한 끊음)

따라서 흑1의 차단은 기세이지만 이제는 백2, 4의 나와끊음이 유효적절하다.

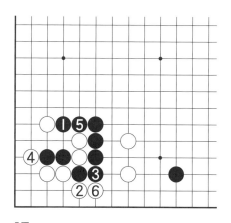

5도

5도(백의 사석작전)

다음 흑1로 두점을 잡으면 백2, 4를 활용한 후 6으로 하변에 넘어간다. 그러면 흑은 두점만 잡았을 뿐 공격 대상도 없이 안방에서 실리를 허용했으니 백의 사석작전에 크게 당한 결과이다.

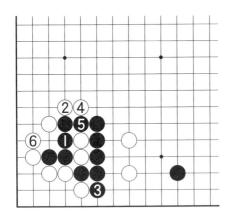

6도

6도(백, 좌변 연결)

앞 그림의 4에 흑1 쪽으로 두점을 잡으면 백2를 유도해 일단 흑3으로 막을 수 있다. 그래도 백이 6까지 보기 좋게 좌변과 연결하면 앞 그림과 별반 다를 게 없다.

흑은 하변에 공격 대상이 있지만 이미 좌변에 세를 허용한 터라 별 효과가 없다.

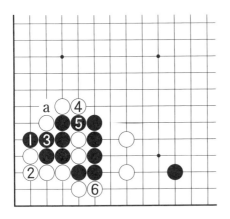

7도

7도(백의 리듬)

앞 그림의 2에 흑1, 3이면 굳이 좌변 연결을 차단할 수 있지만 백은 4를 활용하며 6으로 하변에 넘어가는 흐름이 너무 좋다.

이후 백a로 잇기라도 하면 흑은 곤마나 다름없다. 역시 흑이 크게 당했다.

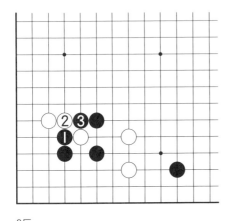

8도

8도(흑의 타개법)

처음으로 돌아가, 흑1로 나가는 것이 양쪽 약점을 해결하는 타개법이었다.

백2로 막으면 흑3으로 한점을 잡아 충분한 모습이다.

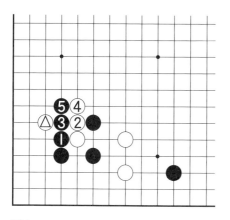

9도

9도(흑의 실속)

흑1에 백2로 한점을 살리면 흑3, 5로 계속 뚫고나가 백△를 품으며 일단 실속을 차린다.

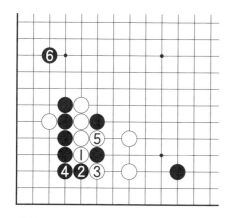

10도

10도(흑, 단연 유리)

다음 백이 1로 나가 5까지 하변과 중앙을 정리해도 중복에 가깝다.

그동안 흑은 귀를 굳히며 6으로 벌리면 귀와 변으로 이어진 실리가 엄청 커서 단연 유리하다.

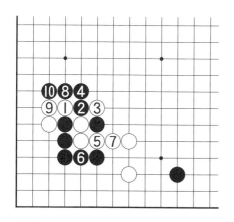

11도

11도(백, 곤란)

9도의 3에 그제 사 백1로 막으면 흑2의 끊음이 아프다.

내친김에 백3, 5로 살리겠지만 흑6 다음 8, 10으로 막으면 좌변 백이 곤란한 모습이다.

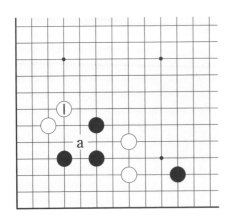

테마

▦ 마늘모에 대한 대응법

장면의 들여다보기가 실패로 끝난 백이 1의 마늘모로 움직였다.

그런 후에 a로 들여다보겠다는 심산인데, 이에 대한 흑의 대응법을 생각해보자.

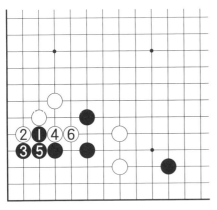

참고도 1

참고도 1(흑의 부담)

일단 흑1의 붙임이 귀와 중앙의 약점을 동시에 생각한 맥점이다.

그런데 백2에 흑3으로 막으면 백4, 6으로 리듬을 타고 진입하며 여기저기 끊는 맛이 생겨 흑의 부담이다.

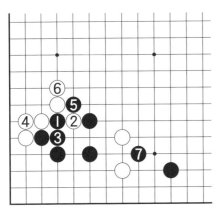

참고도 2

참고도 2(흑의 국면 주도)

앞 그림의 2에 흑1의 끼움이 두터우면서 적절한 수비이다.

백2, 4로 보강할 때 흑5로 모양을 갖추고 나서 7의 공격이면 흑이 국면을 주도할 수 있다.

9형 근거 없이 변에 과감히 침입하다

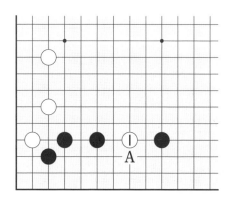

장면

▨ 흔히 나오는 이 세칸벌림 모양을 삭감한다면 A의 낮은 침입이어야 근거를 마련하기에 좋을 것이다. 그런데 이를 무시하고 백1로 높게 침입한 장면이다.

변의 진영을 완전히 갈라놓으려는 뜻인데 이에 대한 흑의 응징책을 알아본다.

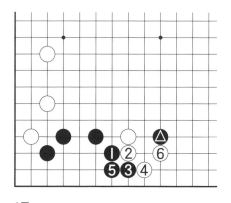

1도

1도(흑, 최악)

처음부터 위세에 눌려 흑1 이하 5로 귀의 안정만 서두르면 가장 최악이다.

백6으로 ▲를 보기 좋게 차단하며 그야말로 흑 진영을 완전히 갈라놓았다.

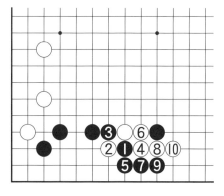

2도

2도(백의 자연스런 두터움)

흑1로 붙여 연결을 모색해도 백2, 4로 단수치며 이하 10까지 흑의 실리가 조금 불어날 뿐이다.

백은 생각지도 않은 두터움이 생겨 든든하다.

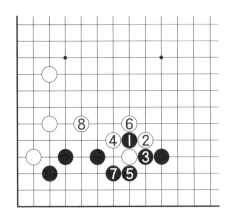

3도

3도(백, 두터움)

흑1로 위에 붙이면 그나마 7까지 귀와 변의 연결이 가능하다.

그러나 백이 한점을 따내며 8까지 중앙이 제법 두터워져 만족이다.

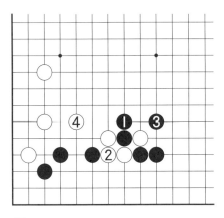

4도

4도(봉쇄)

앞 그림의 4에 흑1로 잇고 3의 장문이면 한점을 잡을 수 있지만 백4로 귀가 봉쇄된다.

더구나 당장 귀를 살려야 하니 흑의 불만이 크다.

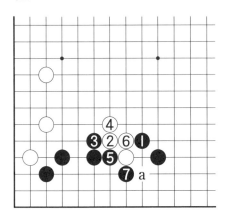

5도

5도(백 모양이 흉하다)

변에서 흑1의 마늘모 공격이 좋은 착상이다. 그러면 다음 백의 탈출이 쉽지 않다.

2의 마늘모로 나가면 흑3으로 민 후 7까지 백 모양을 보기 흉하게 압박해서 흑이 단연 유리하다. 백은 a로 젖혀 싸울 수 있지만 주변이 약해 좋을 리 없다.

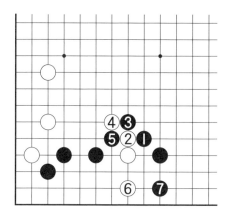

6도

6도(백의 난국)

흑1에 백2로 곧장 나가는 것이 힘은 있지만 흑3의 젖힘이면 다음 백의 행마가 고민이다.

　기세로는 백4로 젖혀야 리듬을 타지만 흑5로 끊기면 곤란하다. 백6이면 흑7로 추격해서 백의 난국이고 설사 다른 방법으로 산다 한들 살고도 망할 공산이 크다.

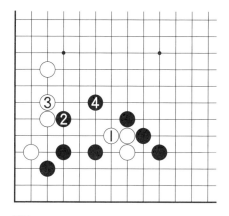

7도

7도(기대기 전법)

앞 그림의 3에 백1이면 한 발짝 나갈 수 있지만 흑2를 활용한 후 4로 씌우면 봉쇄된 모양이라 백이 난처하다. 흑의 기대기 전법이었다.

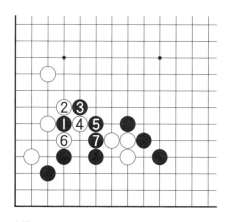

8도

8도(흑의 봉쇄법)

흑1에 백2의 젖힘이면 흑3에 되젖힌 후 백4의 단수에는 흑5, 7로 되단수하며 봉쇄하는 것이 요령이다.

　흑이 따냄은 주지만 봉쇄는 더욱 튼튼하다.

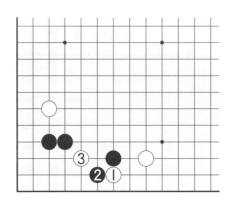

장면

▨ 화점 눈목자 지킴이 단단한 모양을 하고 있는 데도 백은 변의 배석을 이용해 1로 밑에서 붙인 후 3으로 침투했다.

약간 어수선한데 흑은 어떻게 처리하면 좋을지 알아본다.

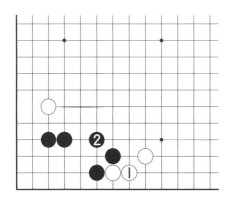

1도

1도(백의 침투 이유)
장면의 과정에서 백이 그냥 1로 물러서면 흑2의 호구로 지키는 자세가 너무 좋다.

그래서 백은 침투를 감행했던 것이다.

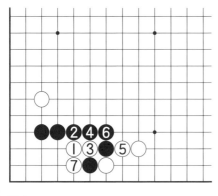

2도

2도(백, 만족)
백1의 침투에 흑2, 4로 위에서 막는 것은 백5, 7로 남의 안방에서 한 점을 잡았으니 백의 만족이다.

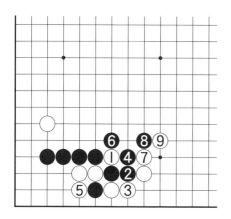

3도

3도(백, 유력)

앞 그림의 4에 백1 이하 5로 한점을 잡고 흑6으로 따낼 때 백7, 9로 모양을 넓힐 수도 있다.

백이 하변을 키우고자 하면 매우 유력하다.

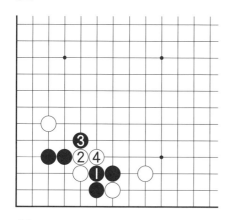

4도

4도(흑, 난처)

흑1로 애매한 곳을 이으면 백2, 4로 탈출해 버리니 흑이 난처하다.

너무 뻔한 진행이니 흑이 선택할 수 없다.

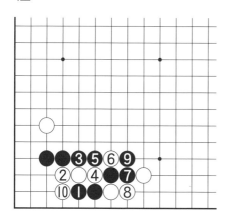

5도

5도(백, 만족)

흑1로 밑에서 하나 밀어 변화를 모색해본다.

다음 흑3, 5로 막으면 백6, 8로 몰고 10으로 두점을 잡아 물론 백의 만족이다.

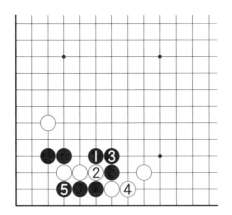

6도

6도(마늘모 포위)

앞 그림의 2에 흑1의 마늘모로 포위하면 어떤가.

백2로 끊으면 흑3에 이은 후 4와 5를 맞보기로 한다는 뜻으로, 가령 백4면 흑5로 석점을 잡은 흑의 만족일 테지만~

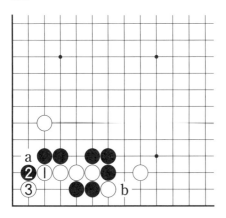

7도

7도(흑, 곤란)

앞 그림의 3에 백1의 변신이 준비되어 있었다.

그러면 흑2, 백3이 되고 나서 이제는 a와 b가 맞보기로 흑이 곤란한 상황이다.

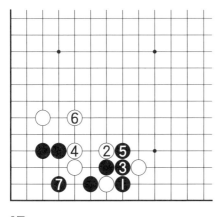

8도

8도(타협)

여기는 흑1로 한점을 잡는 것이 그나마 최선이다. 다음 백2를 활용한 후 4로 나가는 것이 효율이며, 흑도 5로 나간 후 7로 연결해둔다.

이 결과 귀에는 백의 활용이 남았고 흑도 변을 관통해 그럭저럭 타협이다.

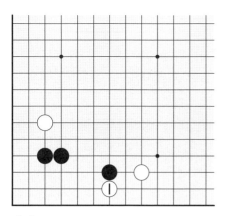

테마

▦ 애초 가장 무난한 대응법

애초 백1로 붙이는 경우 흑은 어떻게 받는 것이 가장 무난한지 생각해보자.

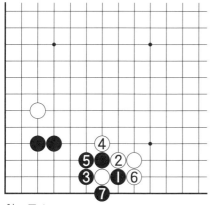

참고도 1

참고도 1(백의 선수 활용)

흑1, 3으로 한점을 잡는 것은 백이 4, 6의 선수 활용을 통해 하변 경영이 수월하다. 대국적으로 흑의 손해이다.

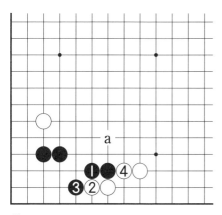

참고도 2

참고도 2(흑, 무난한 대응)

흑1로 늘어두는 것이 가장 무난한 대응이다.

백2, 4로 귀에 약간 잠식하더라도 다음 흑은 a로 지켜도 좋고 손을 빼도 큰 문제가 없다.

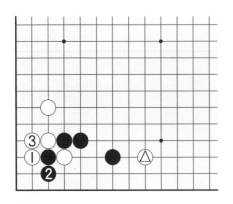

장면

■ 귀만 보면 이 모양은 화점 눈목자받음에서의 정석 과정이다. 백은 △의 지원군을 배경으로 1, 3으로 꽉 이었다.

그러면 정석에서 이탈한 만큼 노림도 있을 듯한데 흑의 대응법을 알아본다.

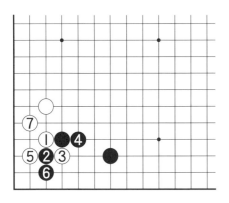

1도

1도(정석 과정)

화점 눈목자받음에서 우선 변의 지원군이 없는 경우의 순수한 정석 과정을 살펴본다.

백1, 3으로 맞끊으면 흑4로 늘고 백5, 7의 호구로 지키는 것이 순리이다.

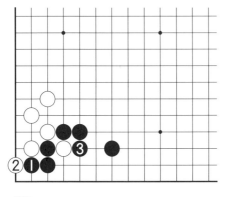

2도

2도(정석 완료)

다음 흑도 귀에 1의 꼬부림을 선수 활용한 후 3으로 한점을 잡는 것이 정확한 수순이다. 이러면 하나의 정석이 완료된다.

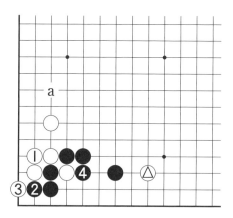

3도

3도(백, 불만)

△의 지원군이 있는 장면의 경우는 백1로 꽉 이었다.

이때도 흑2, 4로 진행된다면 흑a의 압박이 남은 만큼 백의 불만이 크다.

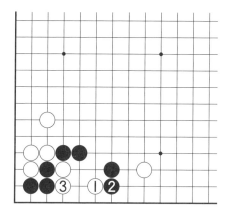

4도

4도(준비된 치중)

앞 그림의 2에는 백1의 치중이 준비되어 있었다.

다음 흑2로 차단하면 백3에 막아 귀의 흑 석점과 수상전인데~

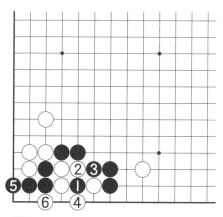

5도

5도(백승)

흑1의 맥을 구사하지만 이하 6까지 되면 이 수상전은 백승이다.

백의 편법에 흑이 제대로 걸려들었다.

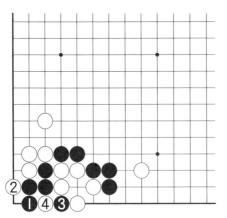

6도

6도(백의 선패)

앞 그림의 4에 흑1의 빈삼각이면 그나마 패를 내지만, 이하 4까지 백이 먼저 따내는 패이므로 흑이 절대 불리하다.

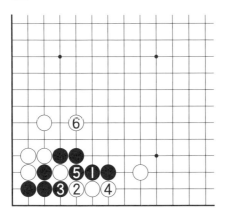

7도

7도(흑, 곤마)

백의 치중에 흑1로 위에서 누르면 백2, 4를 선수해 흑진을 옥집으로 유도한 후 6으로 추격한다.

　흑이 곤마로 쫓기는 모양인 만큼 역시 불리한 진행이다.

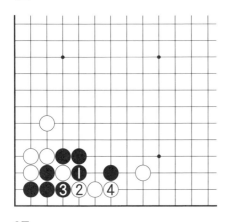

8도

8도(백, 우세)

가만히 흑1로 한점을 단수치면 선수를 잡지만 백2, 4로 넘어가면 역시 옥집은 피할 수 없다. 백의 우세한 흐름에는 변함없다.

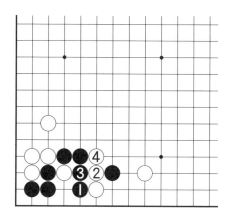

9도

9도(흑의 손실)

흑1로 붙이면 옥집을 피할 수 있지만 백2, 4로 관통하면 흑의 손실이 크다. 치중 한방에 흑이 난감한 모습이다.

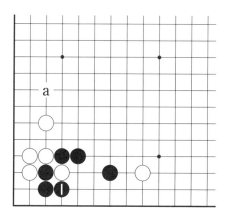

10도

10도(흑의 대응법)

처음으로 돌아가, 흑1 쪽으로 단수쳐서 받아두는 것이 안전했다.

그러면 a의 압박이 그대로 살아 있는 만큼 흑이 충분한 모습이다.

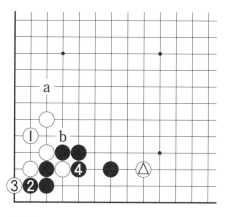

11도

11도(무난한 진행)

장면에서 백도 1의 호구 이음이면 무난했을 것이다.

이제 흑a로 압박하면 백b로 탄력이 생긴다. 흑도 2, 4로 지켜 일반 정석으로 환원된다. 다만 백△의 역할이 불분명한 만큼 아쉬운 면이 있다.

높은 세칸벌림에 저공 침투한 이유

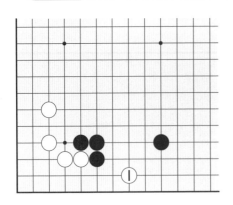

장면

░ 많이 등장하는 높은 세칸벌림의 포석에서 백1의 저공 침투가 이색적이다.

어떤 노림이 숨어있으며 이에 대한 효율적인 대응법도 알아본다.

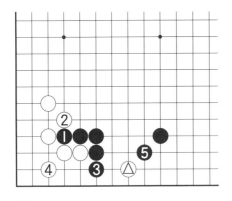

1도

1도(흑, 성공)

일단 흑1은 귀와 변이 연계된 활용이다. 이때 백2로 모양을 넓히면 흑3의 내려섬이 귀에 선수로 작용한다. 백4로 지키면 흑5로 하변 한점을 제압해 흑의 성공이다.

그러면 ⓐ가 고스란히 잡힌 만큼 백이 침투한 이유가 없다.

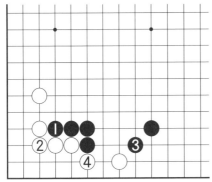

2도

2도(흑, 엷음)

흑1에 백도 일단 2로 잇는 것이 순리이다.

이제부터가 본론인데 흑3으로 변을 지키면 백4로 귀에 넘어가 싱거운 결말이다. 그리고도 흑이 엷어 보이니 백의 성공이다.

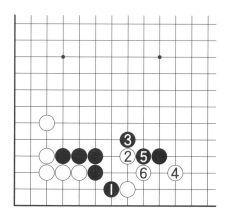

3도

3도(백, 경쾌)

흑1로 귀와 차단하면 백2, 4의 행마가 경쾌하다.

흑5에 백6으로 정리되면 흑 모양에 단점이 있는 만큼 백의 실리작전이 효과적이다.

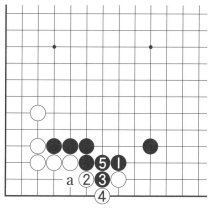

4도

4도(백, 곤란)

흑1의 붙임이 효율적 대응이다. 이때 백2로 즉각 넘어가면 흑3, 5로 끼워 이어 백이 곤란하다. 흑이 매우 두터운 데다가 a의 단점까지 남았으니 백이 한 게 없다.

실은 백이 넘어가는 방법에 문제가 있었으니~

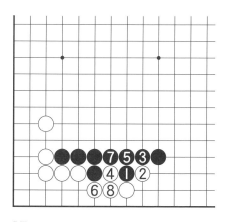

5도

5도(균형)

흑1에 백2로 젖힌 후 4, 6으로 넘어가는 것이 정확한 수순이다.

그러면 백도 중앙 두터움에 실리로 대항해 충분히 균형을 맞춘다.

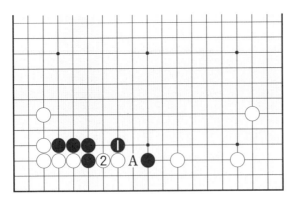

장면

▧ 종종 등장하는 포석인데 이번에는 낮은 벌림에서 백이 침투한 후 연결하는 과정이다.

흑1의 붙임에 귀쪽 백2가 수상하다. 보통은 변쪽 A가 아니던가. 그 의도는 무엇이며 흑의 응징책도 알아본다.

1도(백, 욕심)

먼저 사전 지식으로 백1에 흑2는 활용인데 백3의 호구로 크게 받으면 욕심이나. 그러면 흑4, 6 나음 8의 내려섬이 선수 활용이 되어 10으로 포위하면 침투한 백 한점이 잡힌다.

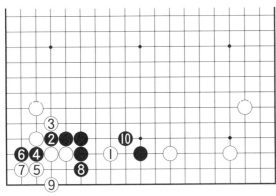

1도

2도(변으로 연결)

따라서 흑1에는 백2의 이음이 순조롭다. 다음 흑3으로 붙이면 보통 백은 두 가지 선택이 있는데 4 이하 8이면 변으로 연결하는 방법이다.

그러면 흑은 실리를 내준 대신 9로 중앙에 자세를 갖추며 타협한다.

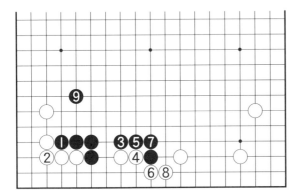

2도

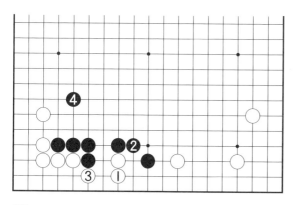

3도

3도(귀와 연결)

앞 그림의 3에 백1의 쌍점도 상용 수단이다. 흑2로 늘면 이번에는 백3으로 귀와 연결한다.

역시 흑4로 중앙을 보강하며 타협한다.

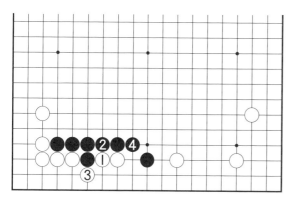

4도

4도(백의 이득)

이제 본론이지만 백1은 무슨 뜻일까?

흑2면 백3의 연결은 당연한데 흑4로 보강하면 백의 선수 아닌가. 그러면 백은 2도와 3도보다 이득이라는 뜻이었다.

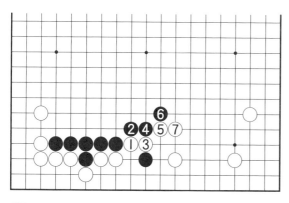

5도

5도(흑이 손을 빼면?)

흑이 후수라도 변의 지킴은 크다.

만일 손을 빼면 백1로 젖힌 후 7까지 하면 실리가 순식간에 불어난다.

213

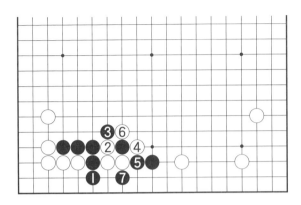

6도

6도(돌려치는 맥)

여기는 흑1로 차단하는 것이 강수이다.

백2, 4로 단수쳐 나오면 흑5, 7로 돌려치는 맥이 준비되어 있다.

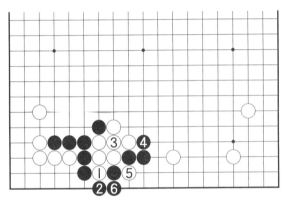

7도

7도(흑, 충분)

계속해서 백1, 3으로 이으면 흑4의 꼬부림이 모양의 급소이며, 흑6 다음 어떻게 변화해도 백 모양이 부실해서 흑이 충분하다.

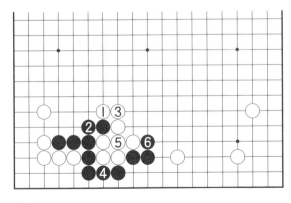

8도

8도(흑, 편한 흐름)

6도 다음 백1, 3으로 중앙을 보강해도 흑4의 선수 후 6으로 꼬부리면 흑은 이미 타개된 모습이라 편한 흐름이다.

중앙 백은 여차하면 곤마로 전락할지도 모른다.

14형 　변에 침입한 후 치받는 금기의 강수

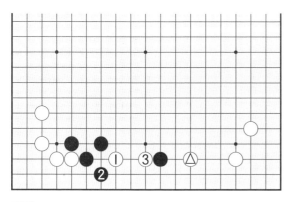

장면

▨ 호구 이음의 세칸벌림을 배경으로 많이 등장하는 포석이다.

　백△를 발판으로 1의 침입은 상용 수단인데 3의 치받음은 무슨 뜻일까? 보통 초반에는 기피하는 강수인데 왜 그런지 알아본다.

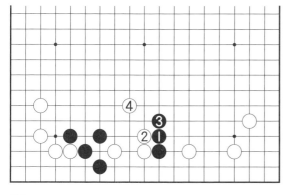

1도

1도(흑, 피곤)

싸움을 피해 흑1로 올라서면 백2, 4로 기분 좋게 진출한다.

　흑진이 양쪽으로 갈라진 만큼 피곤한 모습이다.

2도

2도(백의 강수 성공)

흑1로 내려서도 백2로 차단하며 4로 진출하면 앞 그림과 별반 다를 게 없다. 이러면 백의 강수는 의도한 대로 성공이다.

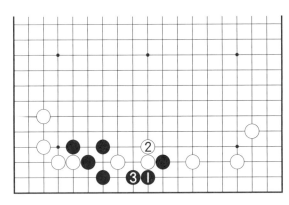

3도

3도(흑, 궁색)

또한 흑1에는 백2로 올라
서기만 해도 좋다. 흑은 3
으로 넘더라도 이하 9까
지 집도 절도 없어 궁색
하며 백10으로 막히는 순
간 곤마에 불과하다.

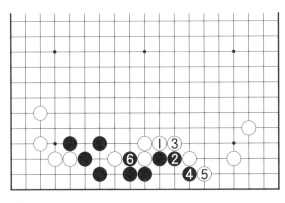

4도

4도(젖히고 볼 일)

따라서 일단 흑은 1로 젖
히고 볼 일이다.

백2로 물러서면 이제
흑3으로 근거를 마련하며
넘어가는데~

5도(흑, 충분한 타개)

다음 백은 1 이하 5로 이
쪽을 봉쇄할 테지만 흑6
으로 한점을 제압하면 흑
이 근거를 마련하며 충분
히 타개한 모습이다.

5도

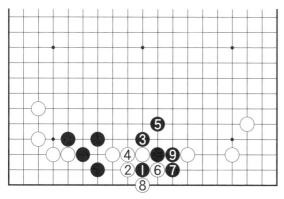

6도

6도(백, 곤란)

흑1에 백2로 막고 싸우는 것이 마지막 과제이다. 다음 흑3에 백4로 이으면 흑5의 호구 지킴이 제격이다. 그러면 백은 6, 8로 한 점을 잡아봐야 안에서 살 수 없고 바깥으로의 출구도 봉쇄되어 곤란하다.

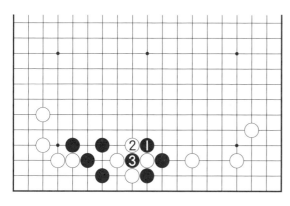

7도

7도(초반무패)

흑1의 단수에는 백도 2의 호구로 패를 불사하는 것이 어쩔 수 없는 강수이다. 그러면 초반무패라는 면에서 3으로 먼저 따내는 흑이 절대 유리하다.

따라서 백도 이 진행은 싸움터가 다양한 중반에나 가능할 것이다.

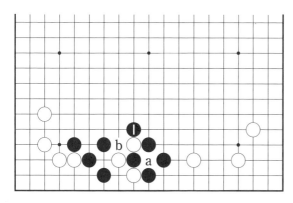

8도

8도(패의 해소법)

참고로 이 모양에서 흑이 패를 해소하자면 1의 단수가 효율적이다.

그래야 이득이 크다. 다음 백a로 따내도 흑b로 단수치면 아무 염려 없다.

15형 변에 단신 저공으로 잠입하다

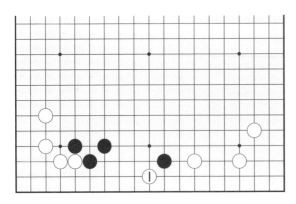

장면

■ [14형]과 같은 조건에서 이번에는 백1로 잠입했다.

단신으로 침입한 만큼 은밀한 2선 저공비행인데, 이에 대한 흑의 대응법을 알아본다.

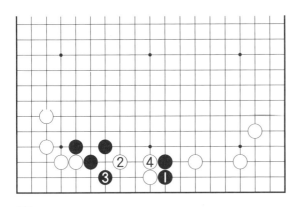

1도

1도(흑진 분열)

흑1로 막으면 백2, 4의 수순으로 흑진이 분열된다.

[14형]의 2도에서도 보았듯이 흑이 당하는 흐름이다.

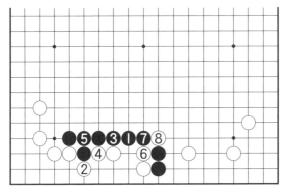

2도

2도(흑, 난감)

앞 그림의 2에 이제 사 흑1로 어설프게 둘러싸면 백2, 4로 연결하며 6, 8로 끊어 흑이 난감한 모습이다.

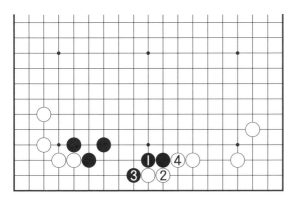

3도

3도(흑, 충분)

흑1로 위로 막는 것은 어떤가. 다음 백2, 4로 넘어가 주면 흑이 선수로 정리해 충분한 모습이다.

약간의 손실이야 엷은 곳이었던 만큼 흑이 감당할 수 있다.

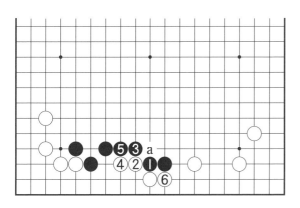

4도

4도(흑진 파괴)

그런데 흑1에는 백2, 4를 선수한 후 6으로 넘어간다. 그러면 흑진이 완전히 파괴되며 a의 단점도 남아 백의 이득이 크다.

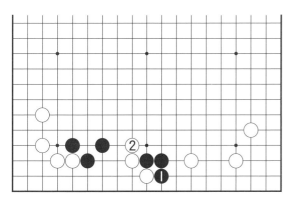

5도

5도(흑진 분열)

그렇다고 앞 그림의 2에 흑1로 막아봐야 백2로 올라서면 역시 흑진의 분열을 피할 수 없다.

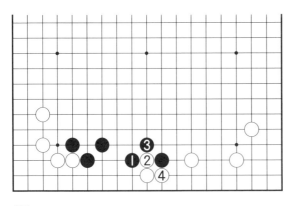

6도

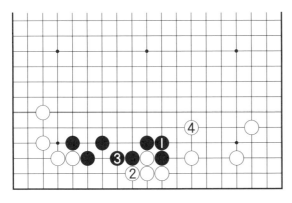

7도

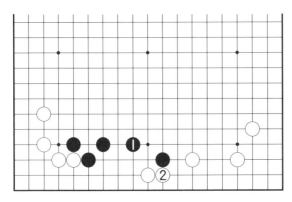

8도

6도(일책)

어쨌든 흑은 완전한 분열만은 막아야 하는데, 그렇다면 효과적인 수비가 필요하다.

그런 면에서 흑1이 약간 어설프지만 일책이다. 그러면 백2, 4로 넘고 나서~

7도(타협)

흑1로 이으면 백2, 4로 요소를 차지하는 진행이 예상된다.

흑이 활용당한 느낌도 들지만 흑 선수로 큰 손해는 없으므로 어느 정도 타협된 결과이다.

8도(유력)

흑은 차라리 1의 한칸으로 중앙을 지키는 것도 유력하다. 백2로 넘어가면 여기서 흑이 손을 빼도 크게 공격당할 모양은 아니다. 어차피 변을 완전히 지킬 수 없는 만큼 유연하게 두려는 생각이다.

5
실전적
변칙 수법

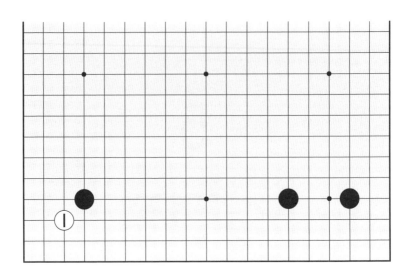

░ 백1은 인공지능이 애용하면서 일명 묻지마 3三침입으로 유행을 타고 있다.

오른쪽 배경인 소목 두칸굳힘도 유행의 물결을 대변한다. 이후의 기본 변화에 대해 알아본다.

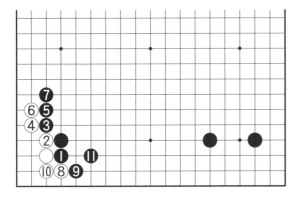

1도

1도(흑, 두터움)

흑1로 막은 후 11까지 부분적으로 정석 진행이다.

그런데 이런 식이라면 처음부터 백이 3三에 침입하지도 않았을 것이다. 흑이 너무 두텁지 않은가.

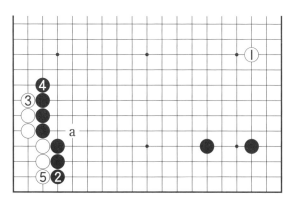

2도

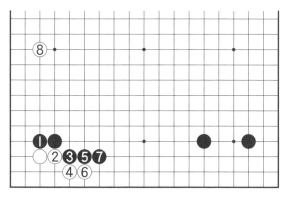

3도

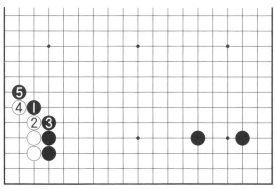

4도

2도(현대적 감각)

앞 그림의 7에 귀를 결정하지 않고 백1로 전환하는 것이 현대적 감각이다.

흑2로 귀를 엿보면 백은 3에 하나 밀어둔 후 5로 막는 것이 귀를 지키는 요령이다. 그러면 흑도 두텁지만 백도 a를 활용하며 충분히 둘 수 있다는 계산이다.

3도(흑의 변화)

상황에 따라 흑1 쪽으로 막아도 백2 이하 6까지 둔 후 8로 전환하는 흐름에는 변함이 없다.

4도(늦춰 받는 경우)

1도의 2에 흑1로 늦춰 받는 수도 많이 쓰인다.

백2에 흑3, 5로 강하게 이단 젖히면 어떤 변화가 기다릴까?

223

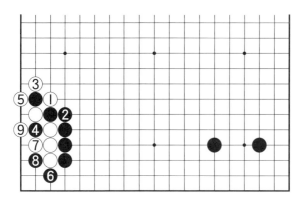

5도

5도(백, 두터움)

백1, 3으로 한점을 잡는 것은 당연한데, 다음 흑이 4 이하 9까지 귀를 결정하는 것은 두점을 따낸 백 모양이 대단히 두텁다.

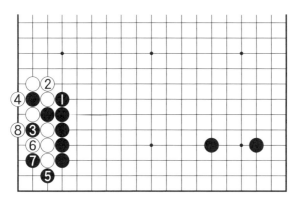

6도

6도(흑, 두터움)

앞 그림의 3에 흑도 1의 중앙 단수 활용이 효율적 선택이다.

이때 백2로 이으면 귀는 이하 8까지 흑의 활용이며 1과 2의 교환만큼 이번에는 흑이 두터운 결과이다.

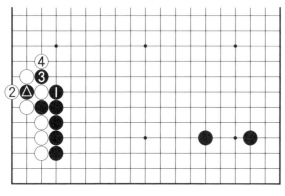

7도

7도(자연스런 흐름)

따라서 흑1에는 백2로 따내는 것이 자연스럽다.

다음 흑3의 단수에 백이 잇는 것은 활용 당하게 되므로 4로 반발하고 싶은데 흑5로 따내고 나서~

❺…△

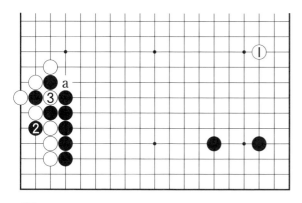

8도

8도(대국적 발상)

백이 귀나 변에 손질하면 후수이므로 1의 전환이 대국적 발상이다. 만일 흑 2로 패를 걸어오면 백3에 따내고 a로 해소할 경우 막강한 두터움이 자연스레 형성된다. 그러면 웬만한 팻감을 능가할 것이다. 더구나 초반이지 않는가.

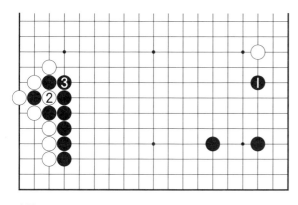

9도

9도(타협)

따라서 흑도 좌변에 손을 대지 말고 1로 전환하는 것이 무난하다. 백2로 따내면 이제 흑3에 이어둔다. 이러면 서로 큰 충돌 없이 타협 흐름이다.

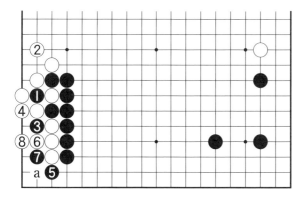

10도

10도(귀의 활용)

여기서 좌변 백의 실리가 제법 크다고 생각하면 오산이다. 나중에 흑1로 따내고 백2로 지키면 이하 8까지 귀의 활용으로 백 모양이 옹색해진다. 경우에 따라 흑7은 a로 늘고 나서 8로 돌려치는 맛을 노릴 수도 있을 것이다.

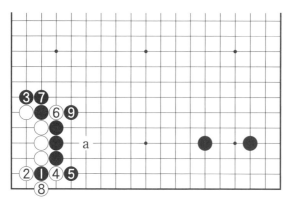

11도

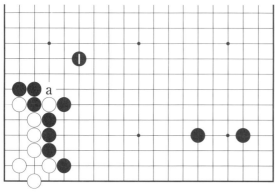

12도

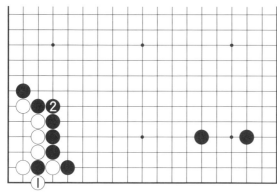

13도

11도(타협)

4도의 4에 흑1, 3의 수순이면 백의 좌변 진출을 차단할 수 있다. 그러면 백은 4, 6의 수순으로 중앙을 하나 끊어놓고 8로 한점을 잡는 것이 요령이며 흑9로 몰며 서로 타협이다.

흑은 축이 불리하면 9 대신 a로 지키는 것이 보통이다.

12도(축의 해소법)

여기서 한 가지 팁으로 흑이 축으로 몰고 해소하는 경우 1의 눈목자 행마가 원대하다. 그렇지 않고 a로 그냥 따내는 것은 비효율적이다.

13도(흑, 두터움)

백이 중앙을 하나 끊어두지 않고 1로 한점을 잡는 것은 흑2로 잇는 한수로 바깥 두터움이 대단하다.

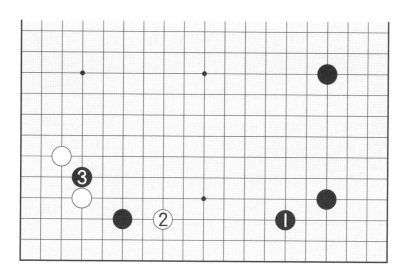

▨ 화점 포석에서 흑1로 지키고 백2로 협공했을 때 흑3으로 날일
자받음에 껴붙인 장면이다.

아주 강렬한 수법인데 이제부터는 기본 변화와 함께 실전 진행
에 대해서도 알아본다.

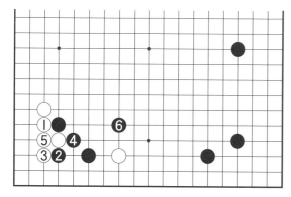

1도

1도(백, 답답)

백1로 받으면 흑2에 붙일
예정이다. 이때 백3으로
또 받으면 흑4의 선수 활
용이 아프다.

백이 부분적으로 당한
결과 흑6에 모자 씌우기
만 해도 백이 답답한 국
면이다.

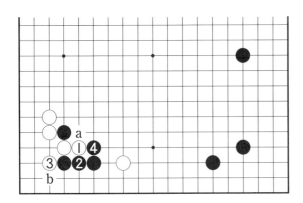

2도

2도(일반적 진행)

따라서 앞 그림의 2에 백 1로 나온 후 3에 젖히는 것이 보통이다.

그러면 흑4의 꼬부림이 예정된 행동인데 다음 a와 b를 맞보기로 삼는다.

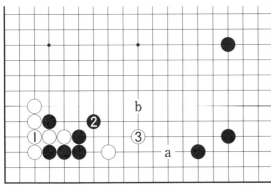

3도

3도(백1, 균형적 감각)

앞 그림의 맞보기를 모두 해결하자면 백1의 이음이 균형적 감각이다.

다음 흑2의 마늘모 행마가 단단하지만 백3의 날일자면 a의 근거 마련과 b의 중앙 진출을 맞보기로 쉽게 타개가 가능하다.

4도(압박)

실전은 흑1, 3으로 붙여서 압박했고 백은 4, 6으로 일단 하변에 근거를 마련했다.

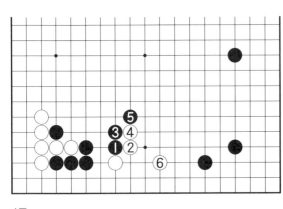

4도

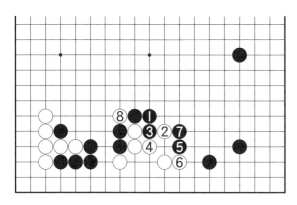

5도

5도(일단 봉쇄 형태)

이어지는 실전. 흑1은 기세의 뻗음인데 백2에 흑3, 5의 공격 리듬을 타고자 한다. 백6으로 하변 근거에 초점을 두자 흑7로 일단 봉쇄 형태를 만들었고 백은 8의 끊음으로 효율적인 타개를 모색한다.

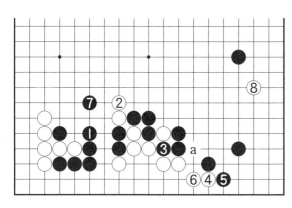

6도

6도(백의 타개 성공)

흑1로 지키자 백2로 양쪽을 노린다. 우선 흑3의 중앙 지킴이 급하다. 백도 4, 6으로 수습하는데 흑7로 지켜야 하니 선수나 다름없다. 백8로 뛰어드는 리듬이 좋은데 흑진에 a의 단점이 있는 만큼 잡힐 돌이 아니다. 아무튼 실전은 백의 타개 성공이다.

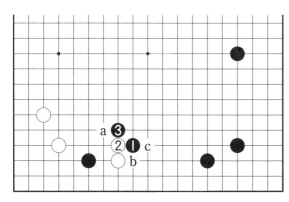

7도

7도(흑의 일책)

애초 흑은 변에서 1, 3의 압박도 우변 세력을 살린다는 점에서 유력했다. 그런 경우 백a면 흑b로 막아 좋고, 백b면 흑c로 늘어가는 것이 요령이다.

229

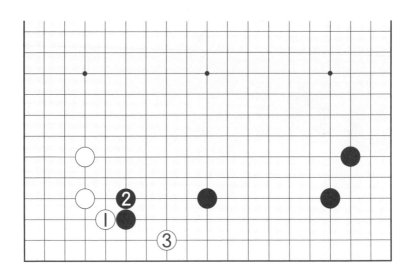

▨ 화점 포석에서 백1의 붙임을 발판으로 3으로 저공 침투했다. 하변의 이런 높은 세칸벌림에서 경우에 따른 편법인데, 이후의 기본 변화와 실전 진행에 대해 알아본다.

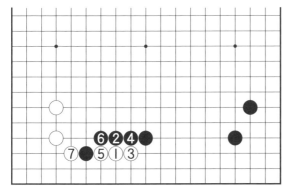

1도

1도(정통 침입의 경우)
장면에서 백1이면 정통 침입이다.

그러면 흑2의 붙임이 보통인데, 여기서 백3을 선수한 후 5, 7로 귀와의 연결을 모색하면 어떨까?

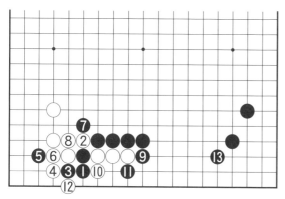

2도

2도(흑, 사석작전 성공)

그러면 흑1, 3으로 키워
서 5, 7을 활용한 후 9의
막음이 선수이다.

백10으로 석점을 잡지
만 흑11, 13으로 지키면
우하귀와 하변이 크게 완
성된다. 이른바 흑의 사석
작전 성공이다.

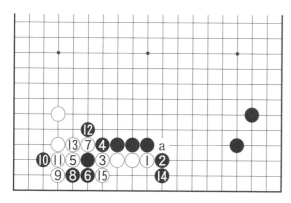

3도

3도(흑, 불만)

그렇다면 1도의 4에 백1
로 하나 더 밀고 3, 5로 귀
와 연결하면 어떤가.

흑6으로 키운 후 13까
지 앞 그림과 같은 수순을
밟으면 흑14의 활용 다음
a의 단점이 남은 만큼 이
번에는 흑의 불만이다.

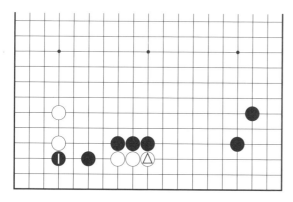

4도

4도(흑의 변신)

그런데 백△로 밀면 흑도
호락호락 귀에 넘겨주지
않는다.

1로 먼저 귀에 붙여 변
화를 구할지도 모른다. 그
러면 백도 골치 아플 것
이다.

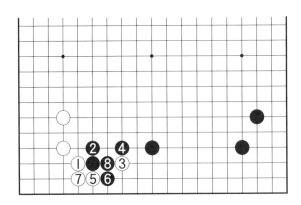

5도

5도(백, 가능한 수단)

백1로 붙인 후 3의 정통 침입도 종종 쓰인다. 흑4로 붙이면 백5, 7로 얼른 젖혀 있겠다는 뜻인데 백이 귀의 실리를 선수로 지키고자 할 때 가능한 수단이다.

　물론 그에 따른 하변 두터움은 감수해야 한다.

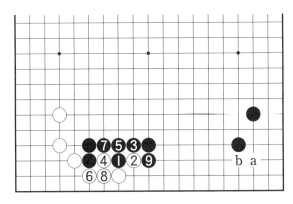

6도

6도(백, 주도적 흐름)

장면의 편법은 가볍게 삭감하려는 의도가 강하다.

　흑1로 위에서 붙이면 백2로 젖힌 후 8까지 넘어 실리를 챙긴 후 a나 b 등으로 흑진을 삭감할 수 있다. 이러면 백의 주도적 흐름이다.

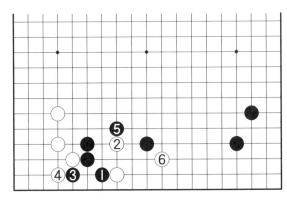

7도

7도(행마의 요령)

실전은 흑1로 귀와의 연결을 차단했다.

　그러면 백2로 뛴 이후 6의 진출이 행마의 요령이다.

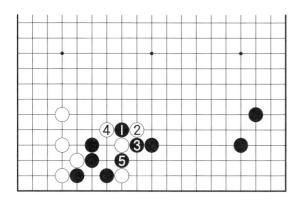 기 생략

8도

8도(흑, 충분)

흑1로 위에서 차단할 때 백2로 굳이 나가려 하면 흑3, 5로 대응해 꼬리 한 점을 끊어 잡는다.

그러면 하변을 장악한 흑이 충분한 모습이다.

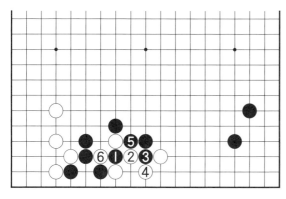

9도

9도(용의주도한 수순)

7도 다음의 실전인데 흑1로 끼운 후 6까지 중앙 모양을 정리하는 용의주도한 수순이 이어지고 있다.

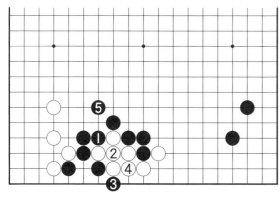

10도

10도(백의 타개법은?)

다음 흑1, 3을 결정한 후 5로 지키면 이번에는 백이 하변 대마를 타개할 차례이다.

과연 어떤 식으로 움직이면 효율적일까?

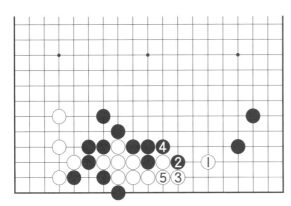

11도

11도(활용)

이때 백1로 벌리면 흑2의 껴붙임이 급소이다.

백3에 받아야 하는데 흑4의 활용까지 백이 눌려서 견딜 수 없다.

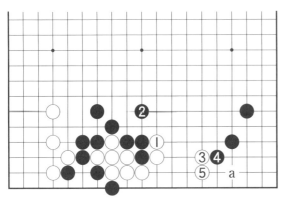

12도

12도(당당한 행마)

따라서 10도 다음 백1로 밀어 올리는 것이 당연하다. 그러면 흑2로 지킬 때 백3에 벌리는 자세가 당당하다.

다음 흑4의 붙임에는 백5로 내려섬이 정수인데 a의 맛도 노릴 수 있다.

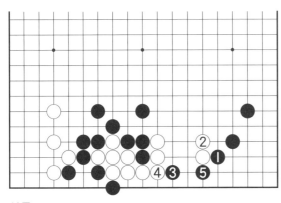

13도

13도(백, 곤마)

흑1에 백2로 올라서면 흑3, 5로 넘어가서 백이 곤란하다.

실리 손실도 크지만 이제는 백이 곤마 아닌가.

소목에 바로 붙이는 희대의 수법

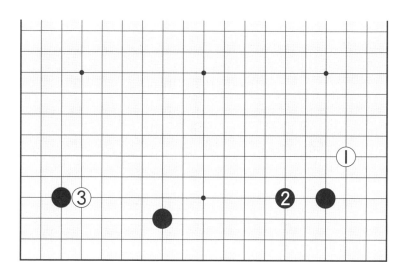

▨ 변형 중국식 포석에서 백1로 걸친 후 3으로 붙였다. 소목에 단신으로 붙였다는 점에서 희대의 수법인데 일종의 응수타진 성격이다. 이후의 기본 변화와 실전 진행에 대해 알아본다.

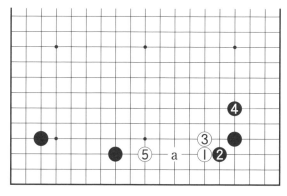

1도

1도(백1의 걸침도 유력)
이런 변형 중국식은 우하변이 넓으므로 백1 쪽의 걸침도 유력하다.

그러면 흑2, 4가 타이트한 수법인데 이때 백5로 폭을 넓히면 a의 침입이 노출되어 재미없다.

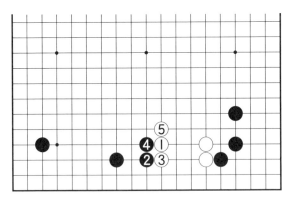

2도

2도(백1, 안정적 벌림)

보통 백1의 높은 두칸벌림을 안정감이 좋다는 면에서 많이 둔다.

흑도 2, 4로 압박하는 흐름이면 주도적인데, 따라서 흑2 때 백은 손을 빼기도 한다.

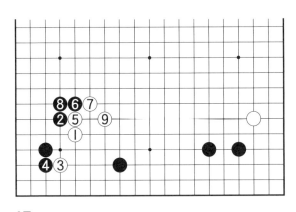

3도

3도(흑진 삭감의 예)

보통 좌하 흑진을 삭감하자면 백1의 고공 날일자 행마도 일책이다.

흑2로 받으면 귀에 백3을 활용한 후 9까지 타협하는 진행이 예상된다.

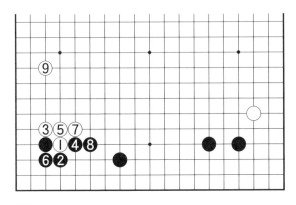

4도

4도(좌변에 좋은 모양)

백1의 붙임은 적극적으로 부딪쳐 싸우는 통에 실리든 세력이든 뭔가 확실한 먹거리를 얻겠다는 속내도 있을 것이다.

가령 귀쪽 흑2로 젖히면 백3으로 되젖힌 후 9까지 백도 좌변에 좋은 모양을 얻을 수 있다.

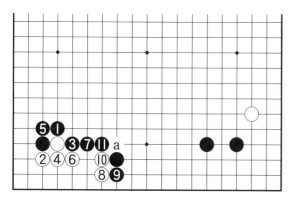

5도

5도(백, 충분)

만일 변쪽 흑1로 젖히면 이번에는 백2로 되젖힌 후 11까지 흑의 안방에서 쉽게 살 수 있다.

대신 흑이 두텁지만 a의 맛도 있는 만큼 백이 충분한 모습이다.

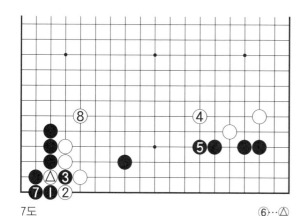

6도

6도(탄력적 자세)

실전은 흑1로 늘었고, 다음 백은 손을 돌려 2를 활용한 후 다시 4 이하 8까지 탄력적인 자세를 갖췄다. 수순 중 백2에 흑a로 잇는 것이 보통이지만 3의 지킴으로 변화를 구했다.

7도(백의 타개 흐름)

계속해서 흑이 귀의 안정을 위해서 1, 3의 패를 걸어야 했고, 백은 4의 팻감으로 6을 굴복시키며 8로 타개하는 흐름이 자연스럽다. 이 진행에서 흑5의 지킴이 절대였을까?

여기에 흑이 반발할 타임이 있었는데~

7도

⑥…ⓐ

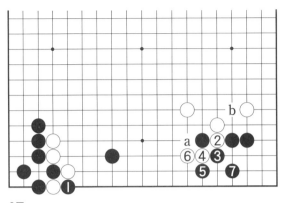

8도

8도(패를 해소하는 경우)
앞 그림의 5 대신 흑1로
패를 해소하면 어땠을까.
물론 백2, 4로 끊겠지만
흑5, 7로 버틸 수 있다.

그러면 백 선수이지만
백진에 a와 b의 맛 등을
보며 흑은 실리로 충분히
대항할 수 있었다.

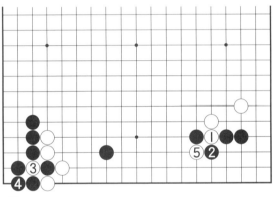

9도

9도(절대 팻감)
그렇다면 흑이 패를 걸 때
백도 즉시 1의 절대 팻감
으로 3을 굴복시키고 내
친김에 5로 끊는 수순도
고려할 수 있었다.

10도

10도(백도 두터운 모양)
다음 우하귀 공방이 좀 어
렵지만 흑1 이하 5로 몰
면 백6으로 하나 꼬부린
후 8 이하 12까지 자연스
런 흐름이다. 부분적으로
흑의 실리가 좋지만 백도
두터운 모양을 키워가는
중이라 충분하다.

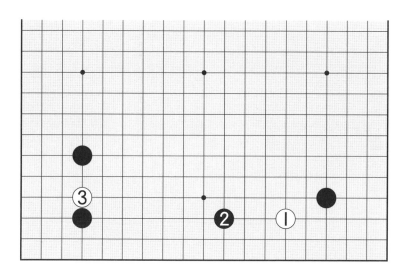

░▓ 인공지능의 영향으로 요즘 많이 등장하는 소목 두칸굳힘 포석
이다.

  백1에 흑2의 협공은 일반적인 흐름인데, 백은 3으로 두칸굳힘
에 전격 붙여왔다. 역시 응수타진인데 이후의 기본 변화와 실전 진
행에 대해 알아본다.

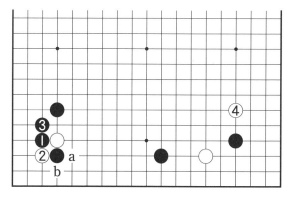

1도

1도(귀의 맛)
흑1로 귀에서 젖히면 백2
의 맞끊음이 일책으로 귀
에 맛을 본다.

  흑3으로 늘면 a나 b의
맛을 남기며 백4의 싸움
터로 전향할 수 있다.

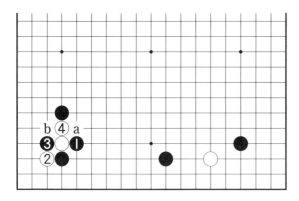

2도

2도(귀에서 확전)

실전처럼 흑1로 위에서 막으면 백2로 젖히는데, 흑3에 끊으면 백4로 나가 싸움이 커질 태세이다.

다음 흑은 a와 b의 선택이 기다리는데~

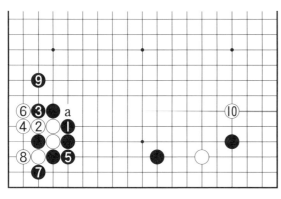

3도

3도(위에서 모는 경우)

흑1로 위에서 몰면 이하 9까지의 공방이 예상된다. 백은 안에서 가볍게 살고 난 후 10으로 전향할 것이다.

흑은 두터움 활용이 앞으로 초점인데 a의 맛이 걸림돌이다.

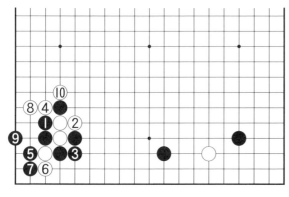

4도

4도(변에서 모는 경우)

2도 다음 흑1로 변에서 몰면 백2에 흑3으로 이을 예정이다.

흑5, 7로 두점을 잡으면 백8, 10으로 몰며 정리하는 것이 행마의 요령인데~

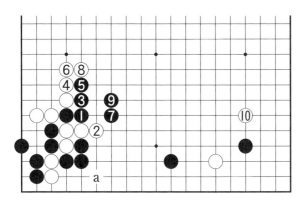

5도

5도(대국적 흐름)

다음 흑1에 백2로 나갈 때 흑3, 5로 밀어둔 후 7로 압박할 예정인데, 백도 8로 꼬부려 좌변 모양을 강화한 후 10으로 전향하는 것이 대국적이다. 이후 하변은 a의 맛이나 삭감으로 큰 집만 허용하지 않으면 백도 충분하다.

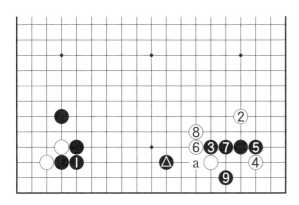

6도

6도(흑의 간명책)

실전은 흑1의 간명한 이음으로 하변에 무게를 실었다. 다음은 우하귀 변화이지만 좌하귀와도 연관되므로 배워두면 좋겠다. 백2에 흑3 이하는 정석 수순인데 흑9로 귀의 지킴은 정수이다. 이 수로 a의 끊음이면 ▲가 제압당해 흑의 작전 차질이다.

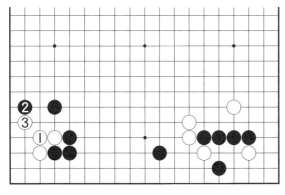

7도

7도(귀의 맛)

여기서 좌하귀의 여러 맛을 알아두자. 귀만 생각하면 백1이다. 흑은 2로 좌변을 차단하고 백은 3으로 귀를 적당히 차지한다.

241

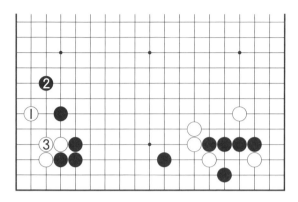

8도

8도(백, 좌변 삭감책)

백이 좌변까지 생각하면 1의 달림이 날렵하다.

흑2로 늦추면 백3에 이어 이번에는 실리가 제법 크다.

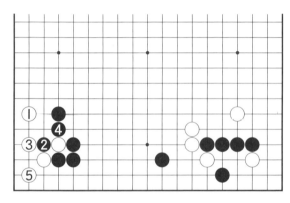

9도

9도(백, 삶의 수단)

백1에 흑2, 4로 한점을 잡아도 백5로 호구치면 사는 데는 문제없다.

흑이 두터워진 대신 백의 좌변 통로가 열렸다.

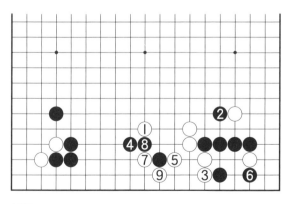

10도

10도(백, 하변에 진입)

6도 다음의 실전이다. 백1로 하변을 견제하자 흑2로 우변을 차단했다. 백3, 5는 귀에 선수로 작용하는데 7, 9로 한점을 몰며 하변에 진입해서 백이 다소 흡족한 모습이다.

소목 눈목자굳힘에 전격 붙이는 수법(1)

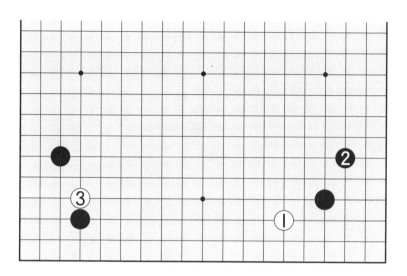

░ 역시 인공지능의 영향으로 소목 눈목자굳힘도 포석에 많이 등장한다.

백1에 걸친 후 이번에는 3으로 눈목자굳힘에 전격 붙여왔는데, 이후의 기본 변화와 실전 진행에 대해 알아본다.

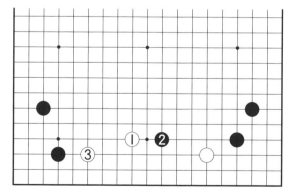

1도

1도(백의 변화구)

이 시점에서 백1로 넓게 벌리는 수도 새로운 변화구로 종종 등장한다.

흑2로 갈라치면 백3에 벌리는 진행이 예상된다.

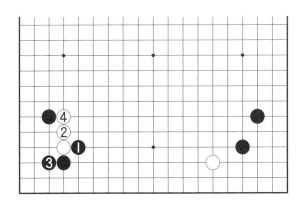

2도

2도(변에서 젖히는 변화)

장면 다음 우선 흑1로 젖히는 변화를 알아보자.

백2로 늘면 흑3에 백4로 서로 제 갈 길을 가며 무난한데, 흑은 실리 중심이며 백은 두터움을 품고 가는 흐름이다.

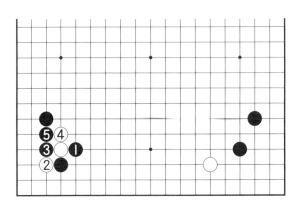

3도

3도(백, 귀에 젖히는 경우)

흑1에 백2로 귀에 젖히면 일단 흑3, 5로 몰며 차단한다.

다음 백의 정리 방법이 초점인데~

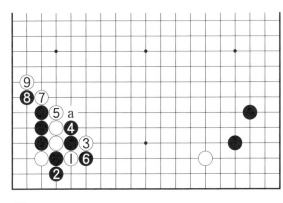

4도

4도(정리하는 요령)

이런 데는 백1로 끊은 후 3, 5로 몰고 나가는 것이 행마의 요령이다.

흑6에 끊으면 백은 a의 활용을 담보로 7, 9로 과감하게 이단 젖힌다.

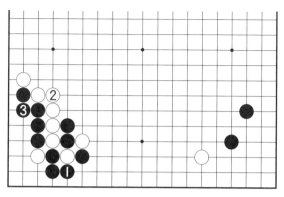

5도

5도(타협)

그러면 흑1로 따내 귀와 변의 활용을 해소한 후 서로 백2와 흑3으로 이어 일단락이다.

이 결과는 흑도 실리가 크지만 백도 선수로 좌변에 모양을 형성한 터라 타협된 모습이다.

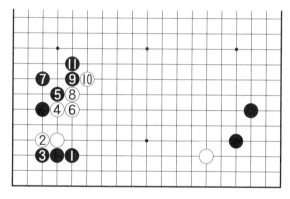

6도

6도(가능한 변화)

실전은 흑1로 변에 늘었다. 다음 백2, 4로 차단하며 11까지도 가능한 변화이다.

백은 이 진행이 싱겁고 묘미가 없다 보았는지~

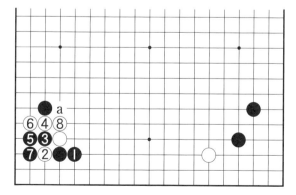

7도

7도(백, 활발)

실전에서는 흑1에 백2로 귀에 젖혔다. 그러면 흑3의 끊음은 기세인데, 백도 단점에 구애받지 않고 4, 6으로 몰아가는 것이 역시 기세이다. 이때 흑7로 한점을 잡으면 백8이나 a로 이어 백이 활발하다.

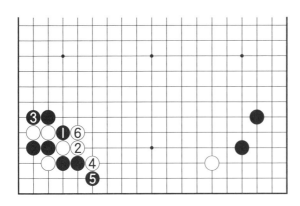

8도

8도(당연한 활용)

앞 그림의 6에 흑은 일단 1, 3으로 두점을 잡고 볼 일이다.

이 포석에서 축이 유리한 백은 4로 젖히고 6의 활용은 당연한데~

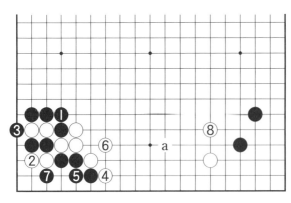

9도

9도(백, 국면 주도)

이때 흑1로 이으면 백2의 단수가 들어 4, 6의 지킴까지 귀에 선수로 작용한다. 그런 후에 백이 a로 지키거나 8로 모양을 넓히면 백이 국면을 주도하는 진행이다.

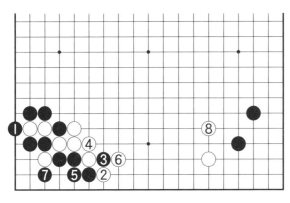

10도

10도(흑의 수순 잘못)

따라서 8도 다음 흑1로 두점을 따내야 한다. 다음 백2로 이단젖힐 텐데 이때 흑3을 활용하고 5로 잇는 것은 잘못이다. 그러면 백6의 단수가 귀에 선수로 작용해 다시 8로 모양을 넓히는 진행이 된다.

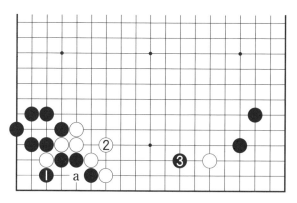

11도

11도(올바른 수순)

앞 그림의 2에 흑1로 그 냥 한점을 잡는 것이 묘 미가 있으며 정수이다. 그 러면 백2로 지켜야 할 테 니 흑3으로 먼저 하변에 손을 댈 수 있다.

물론 실전도 이렇게 진 행되었다. 백도 a의 맛이 있는 만큼 이쪽 대마는 큰 염려 없다.

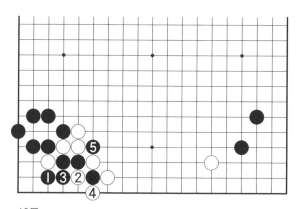

12도

12도(통렬한 끊음)

흑1에 백이 중앙을 지키 지 않고 2, 4로 한점을 잡 는 것은 성급한 행동이다.

흑5의 끊음이 통렬하 다. 그러면 중앙의 세도 흑쪽으로 기운다.

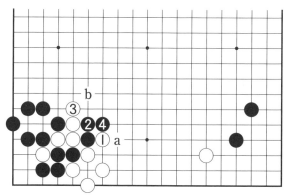

13도

13도(백, 곤란)

다음 백1, 3으로 나가도 흑4로 꼬부린 후 대강 a와 b를 맞보기로 삼기만 해 도 백이 곤란한 모습이다.

247

소목 눈목자굳힘에 전격 붙이는 수법(2)

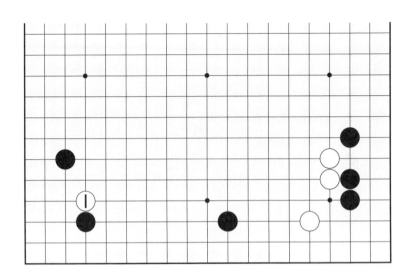

▨ 이번에는 협공을 배경으로 한 포석에서 백1로 눈목자굳힘에 전격 붙였다.

이쪽 공방에 따라 우하변의 전투를 연계시키겠다는 응수타진과 다름없는데, 이후의 기본 변화와 실전 진행에 대해 알아본다.

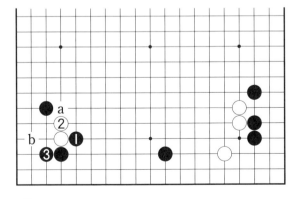

1도

1도(변에서 젖히는 경우)

흑1로 변에서 젖힐 경우는 백이 2로 늘고 나서 흑3이면 백은 a나 b로 움직이는 맛만 남기고 손을 돌릴 수 있다.

흑은 이 진행이 느슨하다 생각하면~

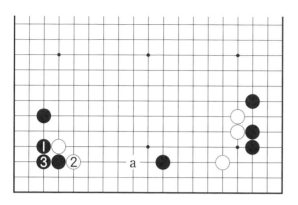

2도

2도(귀의 활용)

흑1로 귀에서 젖히면 확실하다. 그러면 백2의 젖힘이 대응 수단인데 이때 흑3으로 이으면 약간 굴복이다.

다음 백a로 협공하는데 귀의 활용이 분명 도움이 될 것이다.

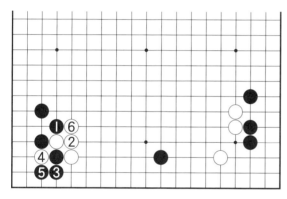

3도

3도(행마의 요령)

앞 그림의 2에 흑1, 3으로 일단 귀를 크게 확보하는 것이 타이트한 수단이다.

그러면 백4로 하나 끊어놓고 6으로 밀어가는 것이 행마의 요령인데~

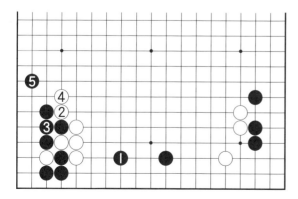

4도

4도(백, 중앙 발전성)

이때 흑1의 벌림으로 하변을 보강하면 백은 2, 4를 활용한 후 선수를 잡아 충분하다.

그러면 부분 실리는 흑이 좋지만, 백도 중앙 두터움의 발전성으로 장기전에 임할 수 있다.

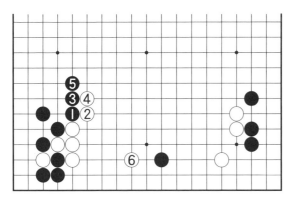

5도

5도(백의 하변 운영)
3도 다음 실전은 흑1 이
하 5로 힘차게 젖혀 늘었
고 백은 6에 다가섰다.

　결과적으로 귀의 응수
타진으로 좌변이 커진 대
신 백은 하변 운영이 자
유로워졌다.

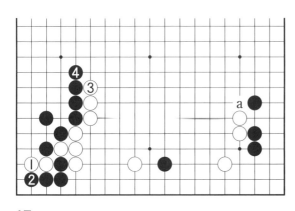

6도

6도(얌전히 늘어야 한다)
이후 백1로 귀의 활용 후
3으로 밀면 흑4로 얌전히
늘어두는 것이 정수이다.

　실전도 그렇게 되었고
다음 백은 a로 눌러가며
하변을 자연스럽게 위협
하는 진행이 되었다.

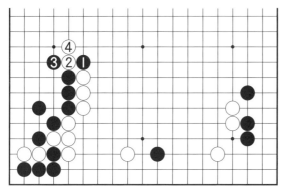

7도

7도(흑, 분열)
그렇지 않고 앞 그림의 3
에 흑1로 젖히면 기세는
좋지만 백2의 끊음이 통
렬하다.

　만일 흑3으로 후퇴해
서 백4로 늘게 되면 흑이
분열되어 곤란하다.

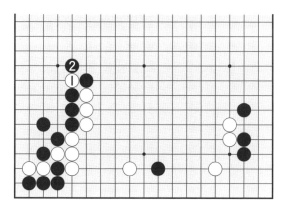

테마

▥ 흑이 변으로 몰면?

백1로 끊을 때 흑2 쪽 단수로 변에 몰며 잡으려 하면 어떤 결과가 기다리는지 알아보자.

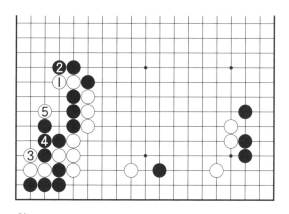

참고도 1

참고도 1(급소 붙임)

백1에 나가면 흑2로 막을 테지만 백3의 단수 다음 5의 붙임이 급소이다.

그러면 흑의 다음 행마가 고민인데~

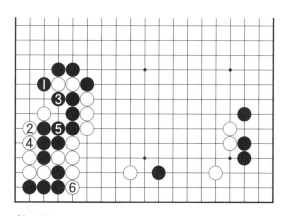

참고도 2

참고도 2(귀의 넉점 잡힘)

흑1로 두점을 몰면 좌변 백2, 4가 선수가 되고 6으로 막으면 귀의 흑 넉점이 여유 있게 잡힌다. 흑이 망한 결과이다.

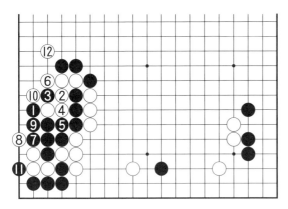

참고도 3

참고도 3(백의 타개 성공)

그렇다면 **참고도 1** 다음 흑 1로 젖혀야 할 텐데 백2로 조이고 흑이 7까지 석점을 잡을 때 백8, 10을 선수한 후 12로 진출하면 백의 타개 성공이다.

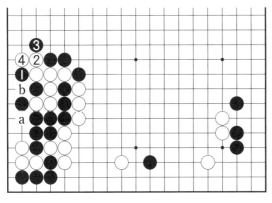

참고도 4

참고도 4(흑, 곤란)

앞 그림의 6에 흑1, 3으로 몰며 기교를 부려도 백4로 나간 다음 흑의 대책이 없 다. 이제는 a와 b가 맞보기 로 흑이 곤란하다.

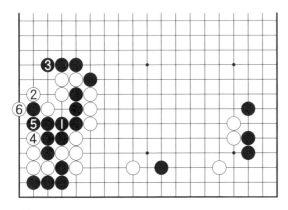

참고도 5

참고도 5(흑, 몰살)

따라서 **참고도 3**의 2에 흑1 의 이음과 백2의 젖힘은 필 연이다.

이때 흑3으로 후방에서 공격하면 백4, 6의 수순으 로 흑이 몰살한다.

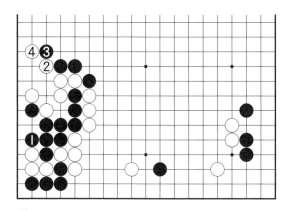

참고도6

참고도 6(타개의 맥)

따라서 앞 그림의 2에 흑1로 잡는 것도 필연인데 백2, 4의 이단젖힘이 타개의 맥이다.

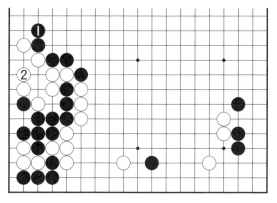

참고도 7

참고도 7(백, 사는 형태)

그러면 흑1로 물러서야 할 때 백2로 사는 형태가 나온다. 백은 여기서 살기만 해도 충분한데, 중앙 흑이 엷고 귀의 흑집이 급속도로 줄었으니 말이다.

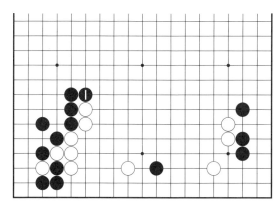

참고도 8

참고도 8(요소 꼬부림)

참고로 제시하지만, 이런 상황에서는 흑도 기회가 왔다면 1의 꼬부림이 요소임을 기억해두자.

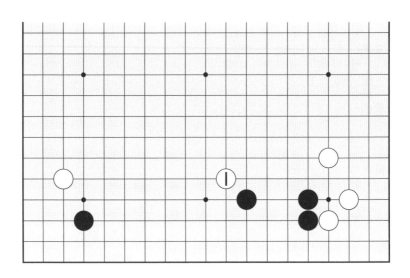

░ 소목 포석이 진행 중인데 백1로 중앙에서 슬며시 어깨 짚었다.
이런 고공 플레이의 의도와 실전 대응은 무엇인지 알아본다.

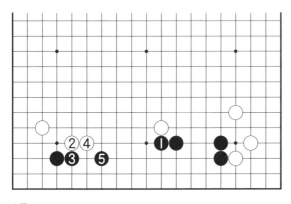

1도

1도(씌울 예정)

흑1로 받으면 좌하귀에서
백은 2, 4로 씌울 예정이
다. 그러면 하변 전체가
연관되는 모양인데 흑5로
받은 다음~

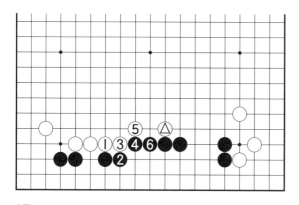

2도

2도(효율적 활용)

백1 이하로 눌러가서 6까지 되고 보면 백△가 효율적으로 활용된 셈이다.

백의 원대한 활용 작전이었다.

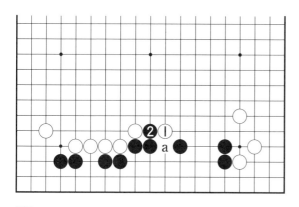

3도

3도(먼저 어깨짚은 이유)

반대로 백이 좌하귀에서 먼저 씌워 눌러간 다음 백1이면 흑은 a로 받지 않고 2로 뚫을 것이다.

그러면 백의 파탄이다. 백1로 먼저 어깨짚은 이유였다.

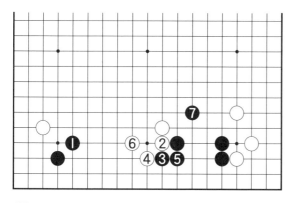

4도

4도(자연스런 진행)

그래서 이런 상황이라면 보통 실전은 흑1로 귀를 지킨다.

그러면 백은 2 이하 6으로 하변에 터를 잡고, 흑은 7까지 진출하는 진행이 자연스럽다.

두 번의 입체적 어깨짚기 작전

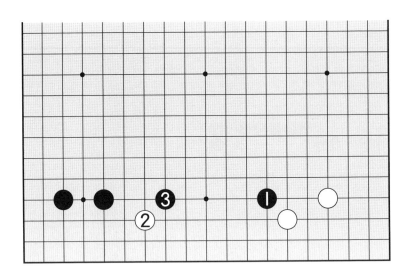

▨ 소목 한칸굳힘과 화점 날일자굳힘이 대치한 포석에서 흑1로 일단 날일자굳힘에 어깨 짚었다. 이를 무시한 백2의 걸침에도 흑3으로 같은 수법인데 아주 입체적인 고공작전이다.

최근의 흐름을 반영하지만 이후의 기본 변화와 실전 진행에 대해 알아본다.

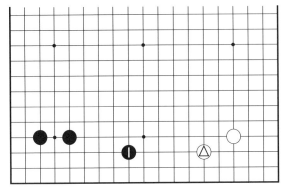

1도

1도(상식적 벌림)
이런 포석에서 흑이 하변에 둔다면 어디가 상식일까?

백△의 굳힘이 있는 만큼 흑1의 벌림이면 보통일 것이다.

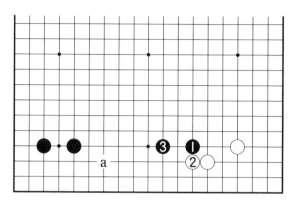

2도

2도(뛰는 자세가 좋다)
흑1의 어깨짚기에 백2로 받으면 흑3에 뛰는 자세가 좋다.

이런 흑의 중앙 작전을 견제한 것이 장면과 같은 백a의 걸침이었다.

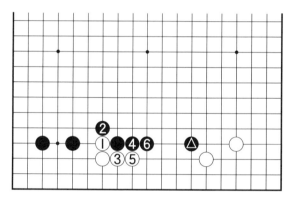

3도

3도(흑의 중앙작전)
장면 다음 백1로 나가는 척만 하고 3, 5로 변에서 밀면 흑은 순리대로 6까지 중앙이 두터워진다.

이때 흑△도 중앙작전에 한 몫 한다.

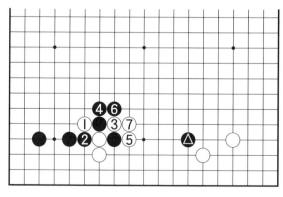

4도

4도(백의 흐름이 좋다)
앞 그림의 2에 실전은 백1로 젖혀 보는데 이때 흑2로 끊으면 백3 이하 7로 한점을 잡은 백의 흐름이 좋다.

흑△도 가치가 떨어지는 모습 아닌가.

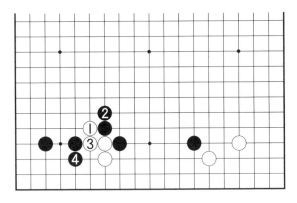

5도

5도(백, 불만)

따라서 백1에는 흑2로 일단 느는 것이 좋다. 이때 백3에 이으면 흑4로 급소에 늘어 백이 몰리는 모습이라 영 좋지 않다.

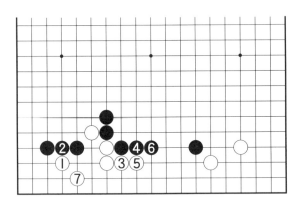

6도

6도(백7, 행마의 요령)

그래서 실전은 백1로 들여다본 후 이제 3, 5로 밀어놓고 7로 귀와 연결하는 모양을 갖췄다.

이때 백7의 마늘모는 행마의 요령인데~

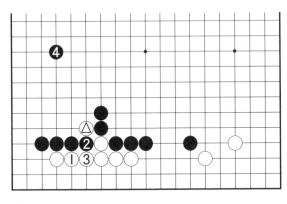

7도

7도(흑, 만족)

그렇지 않고 백1, 3의 연결이면 완전한 모양이지만, 중앙 백△가 끊어지는 통에 흑4로 전개하면 중앙 세력이 좌변으로 확산되어 흑의 만족이다.

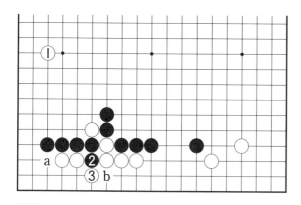

8도

8도(활용하는 맛)

앞 그림의 3 대신 백1의 요소를 먼저 두면 흑2로 나간 다음 a나 b의 활용으로 백 모양이 초라해진다.

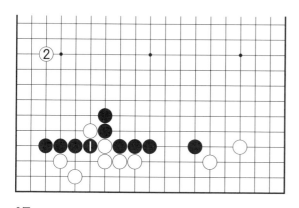

9도

9도(손을 뺀 이유)

6도의 실전 다음 이곳은 잠시 동안 전장에서 벗어났는데 흑이 손을 뺀 이유를 알아보자.

만일 흑1로 끊으면 백은 2의 요소를 차지해 흐뭇할 것이다.

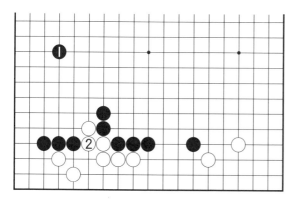

10도

10도(가치 상실)

그렇다고 흑이 앞뒤 가리지 않고 1의 요소를 선점하면 백2로 잇는 순간 1의 가치가 많이 상실될 것이다.

259

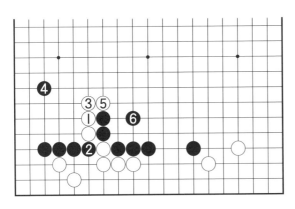

11도

11도(힘찬 수법)

결국 실전은 이곳을 백이 먼저 두게 된다. 백1이 힘찬 수법인데, 흑2로 끊으면 이하 6까지의 변화가 예상된다. 백은 끊겼지만 꼬부린 자세가 두텁고, 흑은 양쪽에 모양은 갖췄지만 발전성이 약하다.

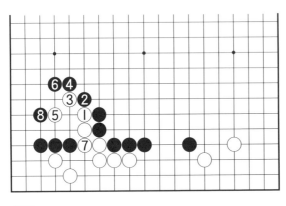

12도

12도(두터운 강수)

실전은 백1에 흑2, 4의 두터운 강수를 구사했다. 백5로 지킬 때 흑6에 힘차게 뻗고 백7의 이음에 흑8로 연결한다. 그러고 보면 흑은 좌변이 모호했는데 이제 정리된 모양이고 중앙도 단점은 있지만 어쨌든 봉쇄된 형태이다.

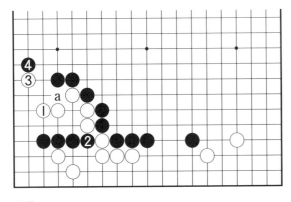

13도

13도(차단하지 못한 이유)

백이 1로 차단하지 못한 이유는 무엇일까? 그러면 흑2로 끊는다. 백3에 흑4의 차단이 강수이다. 흑a의 활용 때문에 백의 좌변 진출은 어렵다. 이 수상전은 백도 만만치 않다.

10형 원대한 사석작전 전반

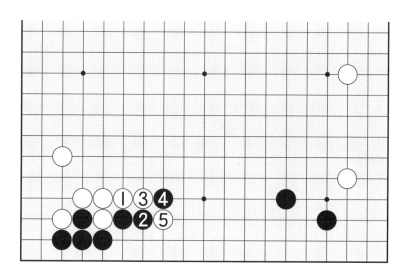

▨ 포석이 한창 진행중인데 좌하귀 화점 정석은 인공지능의 영향으로 많이 등장하는 편이다.

여기서 백1, 3으로 눌러간 후 5로 끊었는데 변칙이지만 우하 배경과 연관된 과감한 사석작전이다. 이후의 기본 변화와 실전 진행에 대해 알아본다.

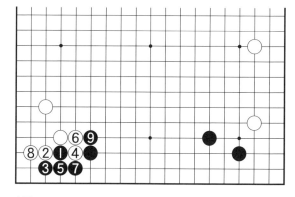

1도

1도(일반적 절충)

좌하귀 화점 정석을 짚어보면 화점 날일자받음에 흑1, 3으로 붙이고 젖히는 데서 출발한다. 이하 7까지는 상용 수순이고 다음 백8로 귀에 지키면 흑9로 밀어 올려 서로 절충하는 것이 일반적이다.

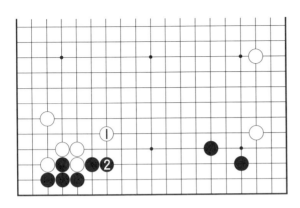

2도

2도(경쾌하지만 엷다)

앞 그림의 7에 백이 중앙을 중시하는 경우 1의 날일자 행마도 경쾌하지만 흑2로 모양의 급소에 받고 나면 백의 바깥이 엷은 모습이다.

이러면 백이 내내 부담일 것이다.

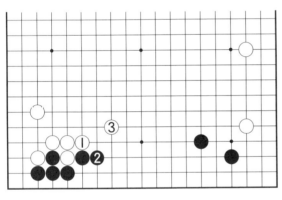

3도

3도(경우에 따른 방법)

백1로 누른 후 3의 날일자면 확실한 두터움을 쌓을 수 있지만, 흑을 굳혀 주고 후수인 점은 고려해야 한다. 경우에 따른 방법일 것이다.

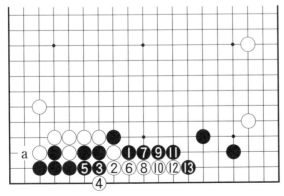

4도

4도(수상전의 결과는?)

장면 다음 흑1, 3으로 몰면 백은 어쩌자는 것일까. 물론 백4, 6 이하로 밀어갈 테니 13까지는 필연이다. 다음 귀와 변의 수상전인데 흑은 백이 a부터 조여야 하니 6수, 백은 얼핏 보기에 5수 아닌가.

그렇다면 곧이곧대로 흑의 1수 승일까?

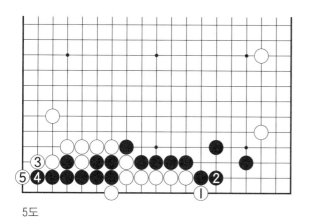

5도

5도(1수 늘리는 활용)

그런데 백은 1의 활용으로 1수가 늘어난다. 수상전에서 양젖힘이면 1수 늘어나지 않는가.

그러니까 변의 백은 6수인 셈이다. 결국 백3, 5로 조여가면 백의 1수 승이다.

6도(흑진 파괴)

따라서 백1에 흑2로 귀를 살려야 하는데 백3 이하 7로 우하귀를 파고들면 백 전체가 살면서 흑진이 파괴되는 모양이니 백이 불만 없는 진행이다.

a의 선수 활용도 백의 자랑이다.

6도

7도(묘한 붙임)

그래서 실전은 흑1, 3으로 아래에서 몰았는데 이때 백4로 묘하게 붙여왔다. 지금까지 전반부는 서론이었고, 이후의 본격 변화는 후반부인 다음 형에서 알아본다.

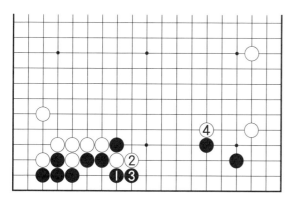

7도

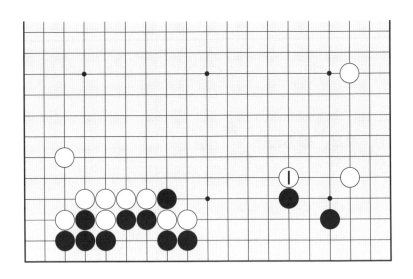

■ [10형]에서 이어지는 후반부이다. 백1의 묘한 붙임이 출발선인데 뭔가 원대한 음모가 숨어있는 듯하다. 이후의 기본 변화와 실전 진행에 대해 알아본다.

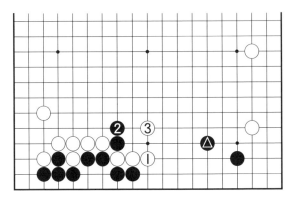

1도

1도(전투 양상)

하변만 좁혀서 생각해 볼 때 백1, 3으로 움직이면 여기서 바로 전투 양상인데 흑도 ▲가 높은 만큼 충분히 싸울 수 있다.

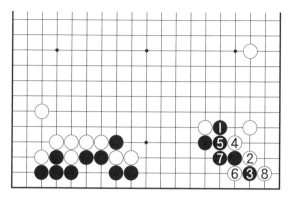

2도

2도(백, 실리가 크다)

장면 다음 흑1로 우변 쪽에서 젖히는 변화를 알아보자.

백2, 4로 귀를 공략하며 모양을 정리할 때 흑5로 이으면 백은 6, 8로 한점을 잡아 실리가 크다.

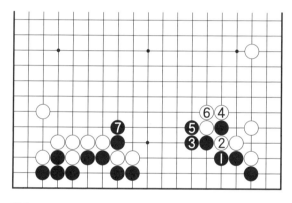

3도

3도(백, 충분)

앞 그림의 4에 흑1로 늦추면 백2로 한점을 끊는 자세가 좋다. 그러면 이하 7까지의 변화가 예상되지만 서로 진영을 나눠 갖는 흐름이다.

하변 흑진도 크지만 우변 백진은 그에 못지않게 발전성이 높은 데다 백은 선수이므로 충분하다.

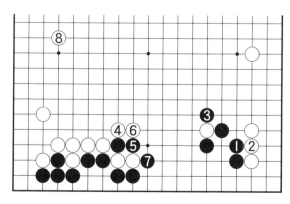

4도

4도(백, 활발)

2도의 2에 흑1, 3으로 귀를 내주며 중앙에 주력하면 백4, 6으로 아낌없이 두점을 버린 후 8에 벌려 백이 활발한 모습이다.

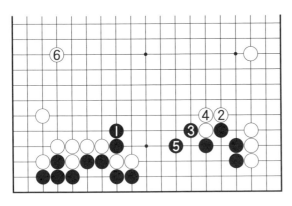

5도

5도(백, 충분)

앞 그림의 2에 흑1로 먼저 요처에 뻗으면 백2로 젖혀 우변 모양을 정리한다. 다음 흑3, 5로 하변을 지키면 백은 자동으로 우변 모양이 형성되는 데다 6에 벌려 좌변까지 구축하면 충분하다.

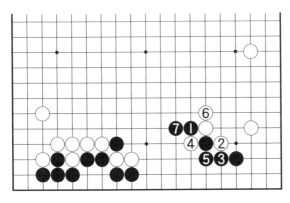

6도

6도(중앙을 지켜 충분)

앞 그림의 2에 흑1 이하 5로 반발해 우변을 관통하면 백은 6의 장문으로 중앙을 지켜 충분하다.

흑7로 막아도 백8, 10으로 젖혀 이으면 귀는 안전하다.

7도

7도(흑3에 막는 경우)

이번에는 흑1로 하변 쪽의 젖힘에 대해 알아보자.

다음 백2의 젖힘에 흑3으로 막으면 백4, 6으로 모양을 갖추는 것이 선수로 작용한다. 그러면 흑7로 느는 정도인데~

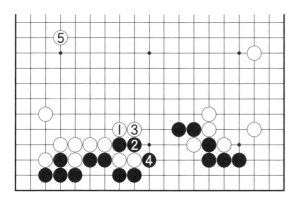

8도

8도(사석작전 완성)

백1, 3으로 두점을 사석으로 활용해서 5로 좌변을 크게 구축하면 원대한 백의 사석작전은 완성된다.

9도(흑, 편한 흐름)

그래서 실전은 흑이 수순을 바꿔 먼저 중앙에서 1의 단수 후 3에 막았다.

이에 백은 4 이하 10까지 한점을 잡으며 우변에 모양을 형성한다. 다음 흑11의 요소를 늘고 보니 백이 선수이긴 하나 하변 대가가 엄청 단단해서 흑이 편한 흐름으로 보인다.

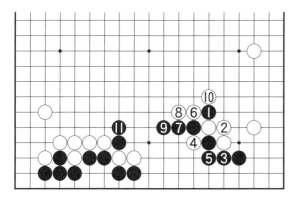

9도

10도(백의 실리작전)

그러고 보면 흑1의 단수에 백은 2로 빠지는 고민도 필요했을지 모른다.

그러면 흑3의 두터움과 백4의 실리로 바꿔치기가 된다. 다음 a와 b가 맞보기가 되면 두터움이 크게 효력을 내지 못하는 만큼 백도 실리로 충분할 것이다.

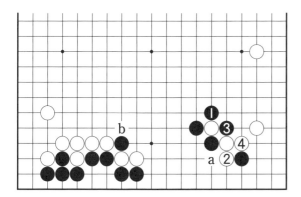

10도